从文化适应到文化协同

基于在华德资企业的实证研究

林璐 著

外语教学与研究出版社
北京

图书在版编目（CIP）数据

从文化适应到文化协同 ：基于在华德资企业的实证研究 / 林璐著. -- 北京 ：外语教学与研究出版社，2022.12

ISBN 978-7-5213-4268-0

Ⅰ. ①从… Ⅱ. ①林… Ⅲ. ①企业文化 - 对比研究 - 中国、德国 Ⅳ. ①F272-05

中国国家版本馆 CIP 数据核字（2023）第 030291 号

出 版 人　王　芳
策划编辑　安宇光
责任编辑　李梦安
责任校对　王远萌
封面设计　水长流文化
出版发行　外语教学与研究出版社
社　　址　北京市西三环北路 19 号（100089）
网　　址　http://www.fltrp.com
印　　刷　北京天泽润科贸有限公司
开　　本　710×1000　1/16
印　　张　10.5
版　　次　2023 年 2 月第 1 版　2023 年 2 月第 1 次印刷
书　　号　ISBN 978-7-5213-4268-0
定　　价　70.00 元

购书咨询：（010）88819926　电子邮箱：club@fltrp.com
外研书店：https://waiyants.tmall.com
凡印刷、装订质量问题，请联系我社印制部
联系电话：（010）61207896　电子邮箱：zhijian@fltrp.com
凡侵权、盗版书籍线索，请联系我社法律事务部
举报电话：（010）88817519　电子邮箱：banquan@fltrp.com
物料号：342680001

记载人类文明
沟通世界文化
www.fltrp.com

前言

改革开放以来，大批德资企业进入中国，它们为中国带来了先进的生产技术和管理理念。德国的直接对华投资数量在欧盟国家中长期处于前列。在德资企业的发展过程中，中国特定的政治、经济、社会环境为其经营管理带来了挑战，如何既保留德国特色，又根据中国具体的文化环境对管理方式进行调整，不仅对德资企业有重要的意义，对其他在华外资企业也有借鉴意义。在多元文化背景下，文化适应是保证企业取得成功的必要条件，充分发挥文化多样性的优势、实现文化协同是企业追求的目标。本书深入调查了在华德资企业的管理实践，研究在华德资企业的文化适应和文化协同。

本书采用质的研究方法，对来自中德两国的员工进行半结构化访谈，并辅以参与式观察，收集大量一手资料，按照扎根理论的方法，对研究资料进行分析。研究表明，在华德资企业在其发展过程中要进行内部和外部的文化适应，其中内部的文化适应涉及企业的组织与等级、人力资源管理、沟通与交流、计划与流程等多个方面，外部文化适应则与营商环境和合作伙伴密切相关。文化适应是否能产生文化协同效应，取决于三个层面的因素：在国家文化层面，中德两国文化在价值取向和社会互动规则方面的差异客观存在，但其具体表现形式处于不断的发展变化之中，因此对本国和异国文化的认识是文化协同的前提；组织文化层面，企业可通过显性和隐性企业文化的建设为文化协同创造条件；个人层面，企业员工的文化智商、主观态度和适应性格决定了文化协同的效果如何。

本书不仅考察了企业员工的个人文化适应，还同时调查了企业在经营管理方面的适应，扩展了文化适应研究的内容。此外结合前人研究探讨了德资企业文化协同的影响因素，尝试提出了德资企业影响文化协同的因素模型，以期为德资企业的管理提供一些建议。

目录

下　篇

在华德资企业文化协同的影响因素分析

第一章
绪 论

中国和德国是亚欧大陆两端最大的经济体，两国的经济交往历史悠久。中国推行改革开放政策后，从 80 年代后半期起便吸引了大量德国企业到中国投资，大众、西门子、巴斯夫等大型跨国企业都在这个时期进入中国。在华德资企业主要集中在资金和技术集中的行业，为中国带来了先进的技术和管理。进入 21 世纪后，在华德资企业的投资方式、行业和区域都发生了新的变化。中德两国的文化如何影响在华德资企业的经营管理，两种文化是如何在企业的组织框架下相互适应并实现协同的，这是本书尝试回答的问题。

多年来，德国一直是中国在欧洲最大贸易伙伴，2002 年中国超过日本成为德国在亚洲最大的贸易伙伴。改革开放以来，中德贸易合作保持稳定的发展态势，规模不断扩大。据统计，2021 年中德双边贸易额为 2351.2 亿美元，同比增长 22.5%。根据德国联邦统计局公布的数据，截至 2021 年底，中国连续 6 年蝉联德国全球最大贸易伙伴。德国是欧盟对华直接投资最多的国家，截至 2021 年底，中国累计批准德国企业在华投资项目 11,836 个，德方实际投入 380.9 亿美元。德国在华主要投资领域集中在汽车、化工、发电设备、交通、钢铁、通信等，大部分为生产性项目，技术含量高，资金到位及时。[1]

与其他国家相比，德国对华直接投资所占比例不高，但德国在中国投资的高技术生产项目占据优势，是在华技术转让最多的国家之一。截至 2021 年底，我国累计从德国引进技术合同 26,801 项，合同金额 965.9 亿美元，主要涉及交通运输、通信、电子电气、机械制造、金属加工、化工制药等领域。此外德国在华投资项目着眼于长期发展，不断扩大生产规模，许多德国投资者将其分红用于在中国的扩大投资项目或再投资项目。[2] 中国经济的持续快速增长为德资企业提供了

1 中华人民共和国外交部 . 中国同德国的关系 [EB/OL].（最近更新时间 2022 年 6 月）. [2022-06-18] https://www.fmprc.gov.cn/web/gjhdq_676201/gj_676203/oz_678770/1206_679086/sbgx_679090/

2 庞翠萍，朱冬亮 . 德资企业在华投资的特点与趋势分析 [J]. 岭南学刊 . 2009（1）：74-75

良好的经营环境，大部分在华德资企业的经营都获得了成功。

与此同时，中国日渐强大的经济实力造就了许多跨国集团，越来越多中国企业在国际化进程中向外国投资。根据咨询公司 EY 的统计，2012—2021 十年间中国公司在欧洲的投资达 2857.2 亿美元。其中 2021 年收购和投资德国企业 35 家，金额约 20.4 亿美元。[1] 德国联邦外贸与投资署发布的《2021 年外国企业在德国投资报告》显示，受新冠疫情影响，2021 年中国对德国的投资项目数量较上一年有所回落，有 149 个，但仍稳居第三位。[2] 中国企业投资德国通常是因为看中德国较高的技术水平、法律保障、劳动力质量、强大的市场购买力和位于欧盟乃至欧洲的中心位置。此外，德国一向积极、受人尊重的形象也对中国投资者选择德国产生了正面影响。[3]

虽然投资额度和贸易额可以说明国家间的经济交往，但比数字更重要的是人与人的合作，它受到不同社会宗教、文化、历史、政治、法律等不同因素的深刻影响。尽管我们生活在一个全球化的世界，国家间的联系越来越紧密，但经济体系的趋同不意味着同等程度的文化趋同。每种文化都有它的特点和个性，它们都有存在的价值，不容割舍。因此在跨国经济合作中，要设法理解和尊重异国文化，并把这种理解和尊重不断地体现在自己的行为中。对于跨国企业来说，无法做到尊重和认同本国和他国的文化，就难以保证企业的成功。要使得多元文化的组合为企业带来最佳效益，为社会进步做出贡献，并为企业员工的个人发展创造条件，必须满足多方面的条件：首先企业必须为员工创造基本条件，让每位员工能够在国际文化的工作环境下充分施展其能力；其次，企业的文化必须融员工的社会、情感和历史价值于一体，通过多样化的组织文化促进企业和个人的不断发展；最后，成功跨越文化和国界的沟通，这对跨国企业的成功至关重要。

进入中国的德资企业面临着跨文化合作方面的多重挑战，如何选择企业形式和投资地点？在多大程度上实施本土化和国际化？在人力资源管理中如何把握地区和全球性？在多大程度上根据本地文化标准提供产品和服务？这些问题涉及企

---

1 Prüfungs- und Beratungsgesellschaft EY. Chinesische Unternehmenskäufe in Europa. [EB/OL]. [2022-06-19] https://assets.ey.com/content/dam/ey-sites/ey-com/de_de/noindex/ey-chinesische-investitionen-in-europa-2021-final.pdf?mkt_tok=NTIwLVJYUC0wMDMAAAGFE6NKE3DvMO2WBBREoPlMlcQV2zShilnkB3TWllaht4JUvvoTlWnEaakl13qsmpD-I6PkYrW9hD2rNBGDDMKfcRgHvy3x0c5vGOWOf0E2Ul8vKKU

2 https://www.gtai.de/resource/blob/831688/91f7eaae22d9be48356c8d4b2c211af2/GTAI-FDI-Report-2021.pdf

3 Sohm, Stefanie & Linke, Bernd Michael & Klossek, Andreas. Chinesische Unternehmen in Deutschland. Chancen und Herausforderungen[EB/OL]. https://www.gtai.de/GTAI/Content/DE/Invest/_SharedDocs/Downloads/Extern/Studies/2009/chinesische-unternehmen-in-deutschland.pdf. 2019-03-10

业内部和外部沟通和管理的方方面面。为了解决这些问题，德资企业在不同的发展阶段采取了不同的管理手段，其经验有重要的借鉴意义。本章首先简要回顾在华德资企业的发展历程，对研究中涉及的核心概念加以界定，并详细介绍所采用的研究方法。

第一节　在华德资企业的历史与现状

中德两国之间的贸易往来历史悠久，德国 1871 年统一之后便开始了对华投资。改革开放后，德国企业对华直接投资持续增长，德国成为我国外资的重要来源国。随着全球经济的一体化发展,中德两国间的经贸关系更是不断扩大和深入，德国一直是中国在欧盟最大的贸易伙伴。本节将简要回顾德国对华投资的发展过程，并介绍在华德资企业的发展现状及其特点。

一、历史沿革

外国人在中国的投资始于鸦片战争之后，与其他西方资本主义国家相比，彼时的德国仍是一个贫穷、落后的诸侯国。直到 1871 年完成统一后，德国经济才开始迅速发展，这为德国全面开展对华投资奠定了基础。早期外国对华投资的主要形式包括成立银行、保险公司、贸易洋行、轮船公司，从事船舶修造、出口加工等。[1] 1872 年到 1894 年间，德国在华商行的数量从 40 家激增到 85 家，数量仅次于英国。[2] 第一次世界大战爆发前，德国在华投资涉及商业、金融、实业、铁路、矿业、教育、医疗等各个领域，开始主要集中在上海、天津、汉口等东部城市，后期则重点在胶州湾地区开展经济活动。[3] 虽然这一时期的德国投资发生在政治、经济不平等的框架条件下，但一定程度上促进了部分地区的发展：德国的先进技术和生产设备推动了民族工商业的发展，同时通过教育、管理等输入的西方文化也诱发了中国思想、政治、文化方面的嬗变。

在两次世界大战中，德国经济受到重创，对外投资额急剧下降。一战结束后德国从债权国变为债务国，海外投资也遭受重大损失。1913 年，在华德国商

1　许涤新，吴承明 . 中国资本主义发展史 . 第二卷 . 旧民主主义革命时期的中国资本主义 [M]. 北京：人民出版社 . 2003：89-126

2　陈月清 . 德国对近代中国的经济侵略 [A]. 见董伯先 . 中德关系史研究 . 济南：山东大学出版社 . 2014：148

3　参见徐继玲 . 1861-1914 年德国对华投资研究 [D]. 华东师范大学博士学位论文 . 2013

行有近300家，到1919年只剩下2家。1914年德国在华投资总数为2.636亿美元，1921年下降到了不足4000万美元。1921年中德两国签署《中德协约》后正式恢复了外交关系，中德贸易也逐渐恢复，到1927年在华德国公司已达到300多家，在华德国人超过3000人，均高于战前的数字。二战爆发后，中德两国再次于1941年断交，德国损失了4亿马克的在华投资。[1] 二战结束后，直到1952年联邦德国才重新开始对外直接投资，但由于德国国内经济的恢复对资本需求极大，因此70年代以前对外投资增长十分缓慢，直到20世纪80年代，联邦德国才开始重视对亚太地区的投资。[2]

1978年中国实行改革开放政策后，对外资的吸引力持续增长。1981年，德国威娜股份公司与天津第一日用化学厂共同成立了第一家中德合资企业"天津丽明化妆品有限公司"，拉开了新中国成立后德国对华直接投资的序幕。[3] 自此以后，德国投资成为我国外资的重要来源。1993年中国建立社会主义市场经济体制，经济飞速发展，同年德国政府提出以中国为中心的新亚洲政策，将海外投资作为德国加强对华联系的重点，由此掀起了德国企业向中国投资的高潮，实际投资额逐年大幅增长，2000年达到10.42亿美元。[4] 大众、西门子、拜耳、巴斯夫等大型企业就是在这一时期进驻中国的，其中拜耳和巴斯夫公司两家工业巨头的一次性投资额达43亿美元，创造了德国企业一次性投资的记录。

2001年中国加入世界贸易组织（WTO）后，世贸组织成员进入中国市场的准入条件得到改善，投资环境更加宽松，市场经济发展趋向成熟，德国企业进一步加大对华投资力度。根据中华人民共和国商务处对外投资管理司发布的《2013中国外商投资报告》统计，2002—2012年，德国对华累计投资项目5119个，合计投资金额126.9亿美元[5]。近年来这一数字基本保持增长态势，2020年，德国在华新设企业466家，实际投资金额达13.5亿美元，在所有在华投资的国家和地区中排第十位[6]。

从国际比较上看，尽管德国对华直接投资排在美国和新加坡、韩国、日本等国家之后，但从2003年开始德国已经超过英国成为欧盟在华最大的投资商。对于德国企业来说，中国市场蕴藏的巨大商机是它们进行投资的最大动机，中国则

1 杜继东．中德关系史话[M]．北京：社会科学文献出版社．2011：94，145
2 刘跃斌．战后联邦德国对发展中国家直接投资的变化分析[J]．经济评论．1998（6）：109
3 吴献金，刘爱龙．德国对华直接投资的发展研究及趋势展望[J]．德国研究．2007（1）：19
4 郑启南．新常态下德国在华直接投资的分析[J]．中国市场．2015（46）：41
5 中华人民共和国商务部对外投资管理司．2013中国外商投资报告[N/OL]．[2016-05-05] http://www.fdi.gov.cn/1800000121_35_166_0_7.html.
6 中华人民共和国商务部．中国外资统计公报2021[R]：8

从中获得了资金、技术和先进的管理方法，双方经济的互补性决定了德国对华投资将继续扩大。

二、发展现状

根据中国商务部外资司的《中国外资统计 2017》报告，截至 2016 年底，在华投资的德国企业已达 9394 家，实际使用外资金额共计 281.77 亿美元[1]。

分析在华德资企业的地域分布可以发现，德国对华投资有强烈的区位选择意愿，重视地理位置、交通、人力资源、投资地提供的优惠政策等因素。从地域分布看，德资企业主要集中在以“北上广”为中心的经济发达地区，形成了三个中心：

（一）以上海为中心的长江三角洲地区

上海由于其完善的基础设施、发达的经济和良好城市形象，对德国企业具有极大的吸引力。无论是服务业中的银行、货运公司、销售公司，还是汽车、化工、机械制造等工业企业，都选择上海作为进入中国的第一站。而且德国企业逐渐在长三角地区形成了强大的网络，产生了良好的产业集聚效应。

（二）珠江三角洲地区

珠江三角洲虽然重工业较少，但经济发展充满活力，尤其是作为“改革开放前沿阵地”的深圳近年来迅速发展，吸引了越来越多的德国企业，特别是初创企业。2017 年 7 月 1 日，国家发展改革委和粤、港、澳三地政府共同签署《深化粤港澳合作 推进大湾区建设框架协议》，2019 年 2 月 18 日又发布了《粤港澳大湾区发展规划纲要》，对香港、澳门和珠三角九市的未来发展进行了纲领性规划，规模宏大的大湾区建设为外资企业在该区域的发展提供了新的机遇。

（三）东北工业基地和环渤海地区

东北和环渤海地区丰富的矿藏为重工业发展提供了条件，因此这一地区的德国投资者多半与大型的国有工业企业联合成立合营企业，如一汽大众、蒂森克虏伯公司、华晨宝马生产基地等。

德资企业的分布还呈现明显的集成效应，在三个中心都已形成了规模可观的德国工业园区，包括江苏的太仓和昆山德国工业园、青岛的中德生态园、沈阳的中德装备园、广东的揭阳中德金属生态城和佛山中德工业服务区等。各地方政府

1 中华人民共和国商务部对外投资管理司．中国外资统计 2017[N/OL]. [2018-12-04] http://www.fdi.gSov.cn/CorpSvc/Temp/T3/Product.aspx?idInfo=10000544&idCorp=1800000121&iproject=33&record=9322

为了吸引德资企业，也提供了政策、环境、配套设施等多方面的便利条件。以引进德资企业方面成就突出的太仓市为例，该市在德国设立了招商引资办事处，还聘请德国建筑事务所专门制定了《太仓德国风情小镇概念性规划》，设立德资企业商务会所、德国餐厅、德国超市，营造接近德国的生活环境，为德国企业提供了便利的条件。[1]

从行业分布上看，德国对华投资项目涉及面极广。中国德国商会编制的《德国在华企业名录》涵盖在大中华区落户的所有德资企业的信息，是大中华区最权威、内容最全最新的在华德资企业数据库。截至 2022 年 6 月，该名录共收录在华投资的德国企业近 5800 多家，业务范围涉及 21 个行业。根据该名录的统计，德国在华企业主要集中在制造业，业务范围涉及食品饮料、烟草制品、纺织品、化学品及化学产品、基础原药及药品制剂、计算机、电子及光学产品、电气设备、机动车辆、家具等领域。排在第二位的是涉及科学及技术活动的企业。第三位是批发及零售贸易和机动车及摩托车修理。

总结近几年德国对华投资的情况，可以发现以下发展趋势：第一，根据中国发改委和商务部最新公布的《外商投资产业指导目录》，交通运输设备制造、仪器仪表制造、电力、热力、燃气及水生产和供应等都属于鼓励性行业，中国工业化的高速发展使得这些行业未来将快速扩张，而这些领域正是德国的传统强势产业，因此未来德国对华投资仍将持增长态势。第二，从投资产业结构来看，制造业很长时期内还会是德国对华投资的热点，但对销售业和服务业等第三产业行业的投资会加大。此外我国国内企业的自主创新能力逐步提升，将促使德资企业增加在高新技术产业方面的投资，并加大技术研发方面的投入。第三，从投资区域结构来看，随着国家经济发展政策向中西部倾斜，将会有越来越多的德国企业愿意将目光投向这些地区。由中国德国商会组织的 2021/2022 年度商业信心调查显示，2021 年近 60% 的德国在华企业实现业务增长，总体而言在华企业对中国的市场增长充满信心。[2]

德资企业为中国带来了资金、技术和管理经验，但由于中德两国在社会、政治、法律制度方面存在的差异，来自两国的企业员工在语言、习俗、传统等方面也存在不同，这些企业在中国的经营中也面临许多问题和困难。因此，对这些企业的运作进行研究，分析在中德文化双重影响下如何通过文化适应克服文化差异

1　参见陈巍 . 德国企业文化概论 [M]. 杭州：浙江大学出版社 . 2017：172-157

2　中国德国商会 . 商业信心调查：经济前景乐观 -- 不平等待遇和本地化压力挑战在华德企 [EB/OL]. https://mp.weixin.qq.com/s/dmHlli1nHbVaEsp5EboFAA

带来的负面影响，对双方的行为方式、价值观等进行整合，创造最佳的文化协同增效，有着重要的意义。

第二节 文化适应与文化协同

对于合资或独资的外国企业来说，无论其规模如何、从事何种行业，都不可避免地要受到母国文化与异文化的双重影响。对于在华德资企业来说，中国和德国两种不同的文化同时作用于它们的经营、生产和管理，也影响着企业中两国员工之间的沟通和合作。两种文化之间的博弈、适应与协同，决定着在华德资企业的成功与否，本书将全面探究德资企业跨文化管理和员工日常工作的各个方面，分析两种文化间的相互作用，涉及跨文化管理、文化适应和文化协同的相关理论，本节将对这三个核心概念加以界定。

一、跨文化管理

随着各国经济的全球化发展，企业在国际化生产经营活动中面对的是与母国文化截然不同的文化及由这种文化决定的价值观和行为方式，跨文化管理学这一学科应运而生。跨文化管理学于20世纪70年代末80年代初作为新兴边缘学科在美国逐步形成，国内学者则从20世纪90年代开始进行这一领域的研究。

阿德勒（Adler）提出的跨文化管理定义被广泛运用："跨文化管理应该研究全球范围内不同组织中人们的行为，并且训练人们学会与员工和客户合作。它应该描述同一国家和文化内的组织行为，比较跨国界和跨文化的组织行为，而且也许最重要的是，它应该探求理解和改善与来自不同国家和文化背景的同事、客户、供应商以及合作伙伴之间的交流。"[1]这一定义来源于人类学，很大程度上依赖于文化差异，强调描述、比较和触及未知的文化领域。

传统的管理学研究的是如何对组织中的人力、物资和活动进行协调和控制，以最高效、最成功地实现特定的组织目标。跨文化管理与一般管理学最大的区别，在于它涉及不同文化背景的人、事和物，必须关注两种或两种以上不同文化背景的群体之间的相互作用。跨文化管理要求管理者必须认识到文化的差异，克服文化差异带来的困难和问题，并充分发挥文化多元性带来的优势，因此对文化

1 阿德勒（著），杨晓燕（主译），《国际组织行为》，北京：北京大学出版社，2004：7-8

的认识是跨文化管理的基本前提。不同学科的学者在定义文化时往往会选择不同的切入点，对于跨文化管理学来说，分析文化的着眼点是它会对个人和环境产生什么样的影响，尤其是它如何作用于跨文化经营企业的规范和价值观，解答这一问题有利于帮助管理者在跨文化环境下做出正确的决策。因此，文化的以下特性对我们的研究来说尤为重要：

（1）文化产生于历史发展的进程，并且在不断变化和发展。

（2）文化由一个群体的成员共享，有时也定义了群体的成员资格。因此，文化偏好既不是普遍性的，也不是完全个人的。

（3）文化可以通过团体或社区习得。我们从群体的其他成员身上学习社会行为规范，形成价值观。

（4）文化影响群体成员的态度和行为。文化告诉我们什么是可接受和不可接受的行为，提供评判自己和他人的标准，从而对社会化过程产生重大影响。

根据文化涵盖的范围，它常常被分为文化群（具有相似特征的多种文化集合）、国家文化（特定空间范围内的文化）、亚文化（具有特定社会特征群体的文化）等类别。要说明的是，本书中谈到的文化，如果不作特别说明，都是指国家文化，即主要关注德国文化与中国文化在企业管理中的影响。

为了对不同的文化进行比较，学者们提出了建立在社会或国家文化基础上的文化维度理论，比较有代表性的包括克拉克洪和斯乔贝克的（Klukhohn & Strodtbeck）六大价值取向理论、霍夫斯泰德（Hofstede）的文化维度理论、特朗皮纳斯（Trompenaars）的文化架构理论[1]、霍尔（Hall）的高低语境文化理论[2]、特龙彭纳斯和汉普登–特纳（Trompennaars & Hampden-Tumer）的差异文化理论[3]等。尽管学界对各种维度理论都存在批判，但它们使得对不同的文化进行描述成为可能，为调查和测量各国文化提供了相应的标准，也为跨文化管理研究提供了重要的理论基础。我们认为，文化维度模式的最大贡献在于对各种文化要素进行了分类，总结并比较了各个文化的特质，为管理者提供了了解不同文化的切入视角，有利于在跨文化管理中发挥不同文化的长处，提高管理的效率，因此能够为我们的研究提供借鉴。这些理论的不足之处在于它们将相反的文化维度对立起来，强调的是文化差异及不同文化接触带来的危险，忽视与异文化接触带来

1 晏雄（主编）. 跨文化管理（第 2 版）[M]. 北京：北京大学出版社 . 2016：54-78
2 祁大伟 . 在华跨国企业绩效管理文化差异研究 [M]. 北京：人民日报出版社 . 2016：27-35
3 特龙彭纳斯，汉普登–特纳 . 关世杰主译 . 在文化的波涛中冲浪——理解工商管理中的文化多样性 [M]. 北京：华夏出版社 . 2003

的正面影响。如霍尔顿（Holden）所言："这种仍然将民族–国家作为出发点的定义和思维在日益全球化、网络化的经济中并不能与国际化公司和组织的交流完全产生共鸣。"[1] 文化对于管理人员和组织的影响受到多种因素的影响，如果仅仅借助文化维度的理论而不注意管理实践的真实情况，无法进行有意义的分析。

在跨文化管理研究中最受学者关注的研究对象是跨国经营的企业，包括合资与独资企业。对于跨国经营的企业来说，只有实现母国文化与异国文化之间的融合，才能实现高效的管理。跨文化管理的主体是企业，手段是文化，对象是跨国企业中具有不同文化背景的管理者、员工。[2] 德国学者托马斯（Thomas）则根据企业管理决策权的归属将跨国企业的基本策略总结为以下五种：

（1）民族中心主义策略（Ethnozentrische Strategie）：在公司国际化的初始阶段，经常遵循以民族为中心的策略，即母公司在策略和管理理念方面占主导地位，外国子公司几乎没有自主权。母公司向外国子公司派出管理人员。由于几乎不考虑文化差异，因此这一基本战略很有可能导致公司两个部门之间发生冲突。

（2）多中心策略（Polyzentrische Strategie）：当母公司和外国子公司的位置相距很远时，经常使用这种策略。母公司和外国子公司独立确定各自的管理策略和理念，并根据当地条件进行调整。外国子公司的管理岗位由本地人担任。这一策略考虑到了文化差异，但无法实现协同效应。

（3）地域中心策略（Geozentrische Strategie）：这种策略考虑了文化的差异和相似之处，它对母公司和外国子公司的战略和管理理念进行综合，并由外国子公司负责实施。选择管理者的标准不是国籍，而是能力。两种文化的行为标准中重合的部分被定义为员工合作的行动空间，员工之间协商确定如何分工，每个员工可根据其强项做出贡献。

（4）以地区为中心的策略（Regiozentrische Strategie）：这一策略与地域中心策略类似，但外国子公司的影响力较低，适用于母公司与外国子公司的地理位置接近的情况。外国子公司负责制定经营策略，母公司可以全部或部分地套用该策略。管理者多半来自当地。母公司和外国子公司员工的跨文化策略同时受两种文化标准影响。

（5）协同策略（Synergetische Strategie）：协同策略是地域中心策略的延续。

---

1 霍尔顿．跨文化管理：基于知识管理的视角 [M]. 康青，郑彤，韩建军译．北京：中国人民大学出版社．2011：55

2 赵云龙．基于冲突–适应–合作的中国企业国际化跨文化管理研究 [D]. 天津大学博士论文．2012：23

它不仅考虑文化差异，还将其作为开发新理念的资源。外国子公司可以充分利用两种文化的策略和管理理念的协同作用。这种合作经营公司的方式可以促使员工形成创新的跨文化策略，有助于他们认识母文化和异文化，找出异同点，创造新的行动方式。[1]

该划分体系不仅仅关注管理规则的制定和执行，还充分考虑了不同管理策略对企业员工跨文化策略的影响。其中协同策略可以说是跨文化管理策略发展成熟的产物，它不仅充分利用两种或以上文化各自的优势，还能在此基础上形成创新的管理理念和方法。因此对本书的研究有重要的参考价值。

二、文化适应

随着全球化的快速发展，国家、民族间的政治、经济、文化交往日益密切，人口的全球流动正在加速，人们的跨文化交往日益频繁。来自不同文化的个体和群体在相互交往和接触中，势必感受到异文化带来的冲击和挑战，因此，如何通过文化适应来解决跨文化交往中产生的矛盾和冲突这一课题受到越来越多学者的重视，开展相关研究的不仅有人类学家、社会学家，还有社会语言学家、社会心理学家和传播学家，他们的研究成果展现了多学科、多视角互相借鉴、共同探讨的丰富内涵和多元架构。

英文中的 acculturation，assimilation，cultural adjustment，cultural adaptation 等都曾被译为文化适应，但它们的含义有时重叠，有时又完全不同。不仅如此，随着文化适应研究的发展，上述各词的所指均发生过一定程度的变化，其中文翻译也相应改变。因此我们首先要对这一概念进行梳理，厘清文化适应研究的核心概念以及不同定义各自表达的内涵。

Acculturation 一词是美国民族学局首任局长鲍威尔在 1880 年创造的。1883 年，他将该词定义为“来自劣等文化的个体模仿先进文化的行为所导致的巨大的心理变化”，这一定义明显带有种族歧视色彩。如今学界广泛运用的“文化适应（acculturation）”这一概念则最早由美国学者雷罗伯特·德菲尔德（Robert Redfield）、拉尔夫·林顿（Ralph Linton）和梅尔维尔·赫斯科维茨（Melville Herskovits）提出，上述三位学者在他们 1936 年起草和发表的《文化适应研究备忘录》这一研究报告中，首次系统地明确了文化适应的定义。他们认为“文化适

1 Thomas, Alexander & Kinast, Eva-Ulrike & Schroll-Machl, Sylvia. Grundlagen und Praxisfelder. Handbuch Interkulturelle Kommunikation und Kooperation[M]. Band 1. Göttingen: Vandenhoeck & Ruprecht. 2003: 436-445

应是指两种不同文化的群体在连续接触的过程中所导致的文化模式的变化”。[1] 在这一定义中，三位研究者对两种文化采用了平视的角度进行研究，而且认为文化双方都有可能发生变化。

在这一概念被提出后的相当长一段时间内，许多社会学家把文化适应等同于文化同化（assimilation），这些学者关注的是移民和少数裔族群，认为这些群体最终会同化到主流社会之中。时至今日，一些国际机构对“文化适应”一词的诠释仍是文化同化论，例如国际移民组织（International Organization for Migration）在关于移民的关键术语中仅列举了 assimilation 一词，将它定义为：一个种族或社会群体——通常是少数群体——对另一个群体的同化（Adaptation of one ethnic or social group – usually a minority – to another），这种同化包含语言、传统、价值观、道德和行为，甚至根本切身利益的归并。我们认为不能将文化同化等同于文化适应，因为同化是单向的，适应则是双向的。文化同化强调的是对新文化的学习和接纳，并不考虑两种文化间的相互影响，原有文化产生的反作用被忽略了。另外值得注意的是，《文化适应研究备忘录》中所定义的文化适应（acculturation）考察的仅仅是群体层面发生的变化，不考虑个体的涵化。但随着文化适应研究的对象群体不断扩大，研究内容也越来越全面，在针对旅居者的文化适应研究中，acculturation 更多被用于描述个体在文化接触中的心理反应了。贝瑞（Berry）沿用了这一概念，他提出的整合、同化、隔离和边缘化等文化适应策略（acculturation strategy）也得到了广泛认同和运用。

另外两个在西方学界被广泛运用的概念是“cultural adaptation”和“cultural adjustment”，这两个概念被视为同义的表达，不同的学者对这一概念的定义也有所不同。陈国明和安然认为跨文化适应（intercultural adaptation）可以分为疏离感、边缘化、濡化和双重性四个阶段，他们将 accluturation 翻译为濡化，认为它是跨文化适应中的一个阶段。在这一阶段中，原有文化开始丧失重要性，人们希望完全运用客居文化的方式了解新文化的内涵。[2] 按照他们的解释，文化适应不仅是对概念或深层价值观的简单认同，还是一种逻辑创造的培养过程，即弄清客居国价值观形成的原因以及如何运用价值观。布莱克（Black）等学者认为外派员工的跨文化适应（intercultural adjustment）是由三个部分组成的：工作适应

---

1 Robert Redfield, Ralph Linton, Melville J. Herskovits. Memorandum for the Study of Acculturation[J]. American Anthropologist, vol. 38, no. 1, 1936, pp. 149–52. JSTOR, http://www.jstor.org/stable/662563. Accessed 30 May 2022

2 陈国明，安然 . 跨文化传播学关键术语解读 [M]. 北京：中国社会科学出版社 . 2010：95

（work adjustment）、互动适应（interaction adjustment）和对客居国普通条件的适应（general adjustment）。在这一定义中，适应被单纯理解为面对新文化时“觉得舒服的”主观心理感受，是否接受异文化的思维和行为模式及异文化群体的判断都不被作为是否适应的衡量标准。因此适应也包含通过改变外部环境来建立主观的满足实现。贝瑞（Berry）也认为 adaptation 指的是“个体或集体在面对环境改变时所作出的变化”。[1] 不仅如此，贝瑞还将 adaptation 分为短期适应和长期适应两种，并认为短期适应常会带来负面的影响；而长期适应对一些极具适应能力的个体来说则会产生正面的影响。

综上所述，assimilation 这一概念强调个体或群体被融入并适应另一个群体的社会主流文化的过程，忽视了两种文化接触造成的多元性。acculturation 常被翻译为涵化或濡化，其含义包含了适应的过程和结果，部分学者把它视为文化适应的一个阶段。adaptation 是使用得较广泛的概念，其内涵也是最为丰富的。因此本书采用 adaptation 这一概念来表示在华德资企业的文化适应。

随着经济全球化发展和企业跨国经营的普及，跨国企业中的外派人员也渐渐成为文化适应研究关注的群体，中外学者都对这一群体的文化适应展开了质的或量的研究，但这类研究的一个突出特点是仅关注外派人员的文化适应过程，对于目标文化中人员的变化不作考察。此外它们仅从个人层面考察外派员工的文化适应，将个人的适应与企业的文化适应割离，不考察管理决策对双方员工文化适应的影响。我们认为文化适应本来就是一个双向的过程，仅研究外派员工的文化适应，无法揭示实现文化协同的深层机制。在本书中我们关注的不仅是作为少数文化代表进入中国的德国企业为适应新的环境做出的改变，同样关注德国文化给本地员工带来的影响和他们为适应异文化做出的努力，而且我们试图分析双方产生接触后在不同阶段相互适应的具体情况，这能够丰富文化适应研究的内容。

三、文化协同

跨国企业在文化适应过程中会遇到许多问题和困难，但同时文化的多样性也会在文化趋同的过程中成为一种资源，包括增加管理的创造性、灵活性，提高解决问题的能力。要充分利用团队的异质性带来的潜能，协同（Synergy）是团队取得高效能的理想途径。

1 Berry, J. W. Immigration, Acculturation and Adaptation [J]. Applied Psychology: An International Review, 1997, 46(1): 5-68

协同论（synergetics）是20世纪70年代以来在多学科研究基础上逐渐形成和发展起来的一门新兴学科，是系统科学的重要分支理论。其创立者是德国斯图加特大学的哈克（Hake）教授。[1]它以研究完全不同的学科中共同存在的本质特征为目的，具有普适性特征。协同反映的是事物之间、系统或要素之间保持合作性、集体性的状态和趋势，它使得系统保持和具有整体性、稳定性，因而是与系统的目的性相联系的。[2]

“文化协同”（Cultural Synergy）概念最早由加拿大学者阿德勒（Adler）在1986年提出，按照她的观点，文化协同“作为管理文化多样性影响的一种方法，涉及（但不限于）管理者根据个体组织成员和客户的文化模式形成组织战略、结构和实践的过程。”她认为文化协同是管理文化多样性影响的一种方法，使组织能够在跨文化环境中有效地解决问题。协同解决方案通过识别和超越员工和客户的个人民族文化，创造新的管理和组织形式。协同方法将文化多样性作为资源和组织的优势，利用它为问题创造组织解决方案。[3]除阿德勒外，美国学者哈里斯（Harris）和莫兰（Moran）也探讨过文化协同。他们认为，“通过协作实现的文化协同强调相似性和共同关注点，并将差异整合起来，以丰富人类活动和系统。通过将不同文化中的精华结合起来，寻求最广泛的投入，可以产生多种效果和复杂的解决方案。协同是独立的部分，它们共同作用，共同创造一个更大的整体，实现一个共同的目标。”[4]蔡哲尔（Zeutschel）从跨文化心理学的角度指出跨文化协同“通过相互促进和刺激的方式，由态度、价值观、思维和行为方式等心理相关方面的文化特征相互作用而产生，它实现的成就质量优于文化同质团队合作所产生的效能”。[5]德国心理学家托马斯（Thomas）的观点与此接近，他认为跨文化协同增效是指“不同文化的重要构成元素（如适应模式、价值观、规则、行为方式等）以某种方式组合起来，这些元素的总和产生某种高质量的有价值的结构，其总和的价值要大于各元素的个别价值之和”。[6]

---

1 白列湖．协同论与管理协同理论 [J]. 甘肃社会科学．2007（5）：228

2 曾国屏．竞争和协同：系统发展的动力和源泉 [J]. 系统辩证学学报，1996（3）：8-9

3 Adler, Nancy. International Dimensions of Organizational Behavior [M]. Boston: Kent. 1986: 95

4 Moran, Robert T. & Harris, Philip R. & Moran, Sarah V. Managing Cultural Differences: Global Leadership Strategies for the 21. Century, Seventh Edition [M]. Burlington, Oxford: Elsevier Inc. 2007: 30

5 Zeutschel, Ulrich. Interkulturelle Synergie auf dem Weg: Erkenntnisse aus deutsch/ U.S.-amerikanischen Problemlösegruppen[J]. Gruppendynamik & Organisationsberatung, Heft 2. 1999: 132

6 Thomas, Alexander. Psychology of intercultural learning and action [A]. In: Thomas, Alexander (eds.): Cross-cultural psychology: an introduction. Göttingen: Hofgrefe, Verlag für Psychologie. 1993: 377-424. 转引自马剑虹，高丽，胡笑晨．跨文化协同增效研究的3种典型视角

可以看出，上述学者分别使用了“文化协同”和“跨文化协同”两种表述，国内也有学者将这一概念翻译为“文化整合”[1]、“文化协作”[2]。由于文化协同的发生以不同文化之间的互相作用为基础，我们认为“跨文化协同”与“文化协同”两个概念的内容基本一致，本文统一使用“文化协同”这一表述。总的来说，文化协同强调不同文化之间的相互作用，尤其关注文化差异带来的正面作用。随着经济全球化进程的加速，跨国公司日益重视运用多元文化来创造国际竞争优势，文化协同成为心理学、管理学和社会学共同关注的热点。

就如何实现文化协同，不同的学者提出了不同的策略模型。阿德勒的文化协同概念是建立在四个普遍假设基础上的：第一个假设是文化的异质性（Heterogeneity），即文化与文化是不同的；第二个假设是文化的相似性和相异性（Similarity and Differences），即不同的文化之间有相似点也有不同点；第三个假设是等效性（Equifinality），意指可以通过不同的途径达到相同的目标；第四个假设是文化的偶然性（Cultural Contingency），即达成目标的最好途径取决于参与各方的文化，具有偶然性。在此基础上，阿德勒总结了在跨国公司或多元文化团体中达成文化间平衡的五种策略。它们分别是：（1）文化支配（Cultural Dominance），指某一强势文化起支配控制作用，按照强势文化背景中的规则行事；（2）文化顺应（Cultural Accommodation），这种方式与文化支配策略相反，指弱势文化试图效仿东道主的文化，试图把二者融为一体；（3）文化妥协（Cultural Compromise），这通常是两个很强的团队组合时使用的策略，指双方在某些问题上都做出让步，以使工作更为有效；（4）文化回避（Cultural Avoidance），这种方式强调要给人留面子，亚洲管理者经常使用；（5）文化协同（Cultural Synergy），在跨文化环境中，协同增效策略发展出一种全新的解决途径，它不仅尊重所有的文化，而且增加了有效工作的途径。值得注意的是，阿德勒仅将文化协同看作管理人员经常运用的五种方法之一，虽然她指出了这一方法对解决员工之间、员工与客户之间跨文化的重大问题很有帮助，但也强调组织不能把协同看成解决问题的唯一途径。

德国心理学家科勒威（Krewer）于1996年提出了跨文化协同增效的理论模型。这个模型主要关注参与者在不同文化碰撞情景之前的预先态度的调整，并以不同文化的成员间最终达成意见一致为目标。在这个模型中，他提出多元文化合

1 陈国明，安然．跨文化传播学关键术语解读 [M]. 北京：中国社会科学出版社．2010：35

2 哈里斯，莫兰．关世杰主译．跨文化管理教程 [M]. 北京：新华出版社．2002：112

作之前存在四种可能的态度调整策略。它们分别为：（1）“征服”策略（“conquest” strategy），即在不同文化碰撞之前，双方中的某一方持有强硬的立场，总是试图以种族中心的态度将自己的立场凌驾于其合作伙伴的立场之上；（2）“变色龙”策略（“chameleon” strategy），即在多元文化团队合作前，每种文化的成员都从其自身文化及其标准来考虑问题，来自不同文化的成员在合作过程中的行为是相似的，但他们不会改变其自身的文化标准来考虑问题，因此他们在行为上像“变色龙”一样，可以随环境而改变，但在根本上他们不能真正接受其他文化；（3）“普遍者”策略（“universalistic” strategy），这一策略假设在不同文化间存在一个共同的、潜在的和可以发展的基本适应系统，从这个假设出发，不同文化合作之前将会积极寻找不同文化系统的交集，以寻求不同文化间的共同点；（4）“协同者”策略（“synergist” strategy），指通过慢慢的逼近达到一种对话式的和建构式的结果。其结果不仅是产生了新的“第三种文化”作为多元文化间合作的方式，而且加强了对不同文化间的共同点的理解，提高了团队成员从各种文化视角来考虑多元文化交叉情景的能力。与阿德勒提出的五种策略相比，这四种策略更关注参与跨文化合作之前的态度调整。[1]

蔡哲尔（Zeutschel）根据专家访谈的结果总结了跨文化团队合作的四个发展阶段：（1）主导 / 适应（Dominanz/Anpassung），整个团队接受某一参与文化的工作方式和标准，其他文化适应此方式，占主导地位的可以一直是某一文化，也可以是多种文化交替；（2）区分（Differenzierung），文化同质的子团队进行严格的分工，平行或依次完成部分任务或问题，在此过程中保持其特定的风格或使用自身文化特定的力量；（3）组合（Kombination），了解文化的特定优势及其对共同目标的益处，将不同的文化元素结合到一种新的方法中；（4）创新（Innovation），各文化团队相互信任，超越所有参与文化的特质，联合开发新的行动方式，最终实现协同性的解决方案，带来文化特定因素的质性改变。蔡哲尔认为，发展到下一阶段的前提是通过理解文化差异实现特定的过渡条件，并非每个团队都会发展到最高水平，也可以稳定在较低水平，这并不意味着团队协作失败。[2]

这三种理论模型的侧重点虽然有所不同，但其基本内容是相互对应的。其中

1 马剑虹，高丽，胡笑晨 . 跨文化协同增效研究的 3 种典型视角 [J]. 心理科学进展 . 2006（5）：759

2 Zeutschel, Ulrich. Synergy is not for free! Prozesse und Modelle der interkulturellen Teamentwicklung[A]. In: Kristin Draheim, Kristin & Liebetanz, Franziska & Vogler-Lipp, Stefanie (Hrsg.). Schreiben(d) lernen im Team[M]. Wiesbaden: Verlag für Sozialwissenschaften | Springer Fachmedien. 2012: 85-95

的“文化协同”、“‘协同者’策略”和“创新”，都强调参与交际的各方通过互动和相互影响与作用使自身得到丰富，创造出新的“第三种文化”以实现跨文化合作的最佳效果。

印度尼西亚研究者吉特拉（Tjitra）在其研究中引用了本国学者达马皮拉（Darmaputera）提出的三个可能有助于消除冲突、实现文化协同的处理文化差异的逻辑原则。第一个是“不是—就是”原则（das Entweder-Oder-Prinzip）。假设世界上存在绝对真理。如果存在多个真理，那么必然有一个最为接近绝对真理。为了选出这个绝对真理，必须确定一个客观、绝对的标准。第二个“不仅—而且”原则（das Sowohl-Als-Auch-Prinzip）的假设与第一个原则相似，认为世界上存在绝对真理并需要根据特定标准将它从许多真理中挑选出来。但每个真理都有其长处和弱点，如果优先考虑某一种真理的长处而忽略另外一种就会造成损失，因此所有的真理都应该被接受，并在可能的情况下将它们合并。第三个“既不—也不”原则（das Weder-Noch-Prinzip）的假设与第一、第二个原则相同，所有不同的真理都应该被接受，但对任何真理都需要进行补充，因为没有确定的真理。因此包容性被视为消极的形式，也就是说，不能参与合作的东西应该被剔除出去，其他的东西则应该保留。[1] 根据吉特拉的分析，由于文化协同的产生以文化的差异为基础，跨文化合作的优势在于文化的多样性，因此“不是—就是”原则无法为解决文化差异带来的问题提供解决办法，文化协同也就无从谈起。“不仅—而且”原则强调重视对不同文化的接受和合并，因此最终将导致文化的同质化而非多栏性。吉特拉认为“既不—也不”原则符合爪哇文化追求和谐的特点，多元文化团队中的各个文化都可以在该原则设定的框架下发挥优势，它明确了什么样的行为在跨文化合作中是不被允许的，可以为跨文化合作规定边界，但并不提供解决方案，仅明确了什么是可能导致合作失败的因素。吉特拉提出跨文化协同增效的前提是所有参与文化的“机会均等”，每个文化不仅有保障个体权利的相同机会，还有相同的机会分担集体义务。按照“既不—也不”原则，只需要放弃两种文化差异部分的一小部分，不必迫使两种文化向中间靠拢。吉特拉根据对德国—印尼工作团队合作的实证研究得出结论，对多元文化团队的文化协同有决定性影响的三个因素分别是个体的跨文化能力、文化的多样性和任务的复杂性。其中个

1 Darmaputera, E. Pancasila: Identitas dan Modernitas – Tinjauan Etis dan Budaya [M]. Jakarta: BPK Gunung Mulia. 1987. 转引自：Tjitra, Hora W. Synergiepotenziale und interkulturelle Probleme. Chancen und Herausforderungen am Beispiel deutsch-indonesischer Arbeitsgruppen. Wiesbaden: Deutscher Universitäts-Verlag. 2001: 74

体的跨文化能力越高，团队所允许的文化异质性程度就越高；文化的异质性程度越高，团队能解决的任务复杂性程度就越高；可被解决的问题越复杂，跨文化协同增效的潜力就越大。[1] 总的来说，“既不—也不”原则重视保留多元文化的异质性，强调各种文化的平等，是值得肯定的。吉特拉提出的跨文化能力、文化的异质性和任务复杂性三个要素也对我们的研究有一定的参考价值。

综上所述，文化协同研究的是两种文化间相互作用的过程，它是一个互动的过程，要求参与文化交流的双方适应不同的文化行为，同时积极地将这些文化差异融合起来，创造一种各种文化交汇的环境。它可以发生在社会、群组、团队和个人等不同的层面上。对于外资企业来说，文化协同既涵盖了整个组织的运作管理过程，又与企业中来自不同文化的员工间的沟通息息相关。在企业这片土壤上，本土文化与异文化的接触就像化学物质的接触，任何反应的发生都会引起两者的变化。如何使文化差异成为积极的因素，结合两种文化的优势实现协同增效，具有重要的意义。从研究层面上看，本书关注的是文化协同在企业这一组织层面和在中德雇员个人层面的发生和作用。

值得注意的是，不同学者对文化协同效果的实证研究可能得到相反的结论。耶德尔泽西克（Jedrzejczyk）对不同学者的研究进行比较后发现，虽然在理论解释中可以找到对跨文化团队的协同潜力（Synergiepotenzial）的完全合理的解释，但并无足够的经验证据来证实这一潜力的存在。[2] 我们认为，文化协同的产生条件和机制取决于参与跨文化互动的成员的具体文化背景，每两种或多种文化之间的协同都具有独特性，只有从跨文化团队的合作实践出发，才能真正揭示文化协同发生的深层原理。鉴于目前国内尚无针对外资企业文化协同产生机制的研究，本研究可以填补相关领域的空白。

---

1 Tjitra, Hora W. Synergiepotenziale und interkulturelle Probleme. Chancen und Herausforderungen am Beispiel deutsch-indonesischer Arbeitsgruppen [M]. Wiesbaden: Deutscher Universitäts-Verlag. 2001: 76-78

2 Jedrzejczyk, Paulina. Herausforderungen und Chancen interkultureller Teams Konflikt- und Synergiepotenziale der Zusammenarbeit zwischen Menschen aus unterschiedlichen Kulturen. In: Kristin Draheim, Kristin & Liebetanz, Franziska & Vogler-Lipp, Stefanie (Hrsg.). Schreiben(d) lernen im Team[M]. Wiesbaden: Verlag für Sozialwissenschaften | Springer Fachmedien. 2012: 106-107

第三节　研究方法

根据本课题的研究目的，我们选择了质的研究方法。本节将结合质的研究方法的特点和研究项目的实际情况，对研究方法的选择、研究过程的实施、资料的整理和分析等重要问题进行说明。

一、研究方法的选择

实证研究（empirische Forschung）旨在通过系统评估经验来发现新的见解，在社会学、人类学等领域得到广泛的运用。实证研究针对研究主题对调查对象的特征进行描述，并对特征的差异进行分析或解释。本书的目的是对企业中中德两种文化背景成员的行为、态度进行对比，并分析文化因素带来的影响，因此我们选择实证研究的方法。社会科学领域的实证研究方法大致可以分为定量研究和定性研究两种，也被称为量的研究和质的研究。

量的研究方法主要以自然科学的方法为榜样，适合用于对社会活动的个别特征进行研究，由于调查方法的便利性，使用这种方法可以获得大量的研究样本。但越来越多的学者也发现了这种研究方法的不足之处：研究对象的环境、历史背景等要素往往被忽视，研究结果无法反映整体特征，也无法对其进行有说服力的解释。

鉴于本课题关注的是德资企业中文化要素对个体和组织的影响，我们选择了“适合于在微观层面进行细致深入的动态研究”[1]的质的研究方法，因为它具有以下几个特点：首先，质的研究适合在微观层面对个别事物进行细致、动态的描述和分析，擅长探讨特殊现象，以此发现问题或提出新的看问题的角度；其次，质的研究强调对事件、过程、意义进行整体性探究，旨在全面地理解社会现象；第三，质的研究强调从当事人的角度了解他们的看法，并将他们的概念和表述作为分析的对象；最后，研究者在质的研究中扮演着重要的角色，必须重视研究者对研究过程和结果的影响，研究者应该在过程中对研究设计不断进行反思。

本书选择质的研究方法，因为这种方法符合本课题的要求，具体体现在以下几个方面。

1　陈向明．旅居者与外国人——留美中国学生跨文化人际交往研究 [M]. 北京：教育科学出版社．2004：31

第一，质的研究强调在自然情境下进行资料收集，从微观层面对事物进行深入的理解，本书以德资企业中文化适应的具体表现为研究对象，研究材料来源于企业日常工作的实践。

第二，本书将文化适应的过程看作一种复杂的、不断变化的动态社会现象，重视对其意义的理解，对研究假设并无明确的界定，研究结果也无法推论到其他个案，因此适合选择质的研究方法。

第三，在研究中我们不仅记录企业文化适应的个别变量，还关注它们的相互作用，分析文化协同产生的先决条件以及它们对团队效率的影响，只有质的方法才能保证研究的广度。

第四，本书力求对德资企业中两种文化背景的员工之间的互动进行描述和解释，而质的研究方法强调从当事人的角度进行研究，符合本课题的需要。正如克雷斯维尔（Creswell）指出的，“在整个质的研究过程中，研究人员的重点是学习如何从参与者的角度理解问题，而不是带着研究者自己的或文献中获得的看法做出评判”。[1]

二、资料收集方法

本书的研究项目选择质的研究方法开展，通过深度访谈获得一手资料。深度访谈，也被称为质性访谈，是质的研究中最常使用的基本方法之一。它属于研究性访谈，由研究者设定和控制会话情境，引入访谈主题，并批判地追踪受访者对问题的回答。根据研究者对访谈结构的控制程度，访谈可以分为结构化、非结构化、半结构化三种。这三种类型也分别被称为结构型、无结构型和半结构型，或封闭型、开放型、半开放型。[2] 我们选择半结构化访谈作为获得资料的手段，是因为这种研究方法不像结构化访谈那样限制了受访者的主动性，只适用于收集标准化信息，又不像非结构化访谈那样完全将主动权交到受访者手中。半结构化访谈遵循明确的访谈计划展开，提纲聚焦于某些主题，能够保证研究内容的一致性和逻辑性，有利于获取受访者对生活世界不同方面的开放的、细致入微的描述。苛费尔和布林克曼将这种方法定义为“以描述受访者生活世界为目的，并对所描述现象的意义做出解释的一种访谈方法”。[3] 半结构化访谈的优势是研究者可以针

---

1 Creswell, John W. Qualitative inquiry and research design: Choosing among five traditions. 2. Edition [M]. Thousand Oaks, London, New Delhi: SAGE Publications. 2007: 39

2 陈向明 . 质的研究方法与社会科学研究 [M]. 北京：教育科学出版社 . 2000：171

3 苛费尔，布林克曼 . 范丽恒译 . 质性研究访谈 [M]. 北京：世界图书出版公司 . 2013：3

对受访者的某些观点和答案进一步提问，让其进行澄清或进一步阐述；受访者则可以选择他们认为重要的方面进行回答，也可以自行决定对某个特定的话题说些什么，以及说多少。[1]

研究初期我们根据对企业运作基本情况的了解编写了访谈提纲的初稿，它包含 125 个问题，内容涉及受访者在学习、工作、生活与异文化接触的多个方面及工作中的许多细节。进行了十个访谈后，我们逐步确定以文化适应和文化协同作为研究的关键词，在后续访谈中仅将访谈提纲作为参考，根据访谈过程中的具体情况对问题的选择、表述和顺序进行调整，尤其注意抓住受访者的描述和回答中与主题相关的内容进行深挖，目的在于了解事件发生的具体过程，并深入探索受访者的个人看法，以了解“表面现象”与“深度现实”之间的关系。[2]

我们共对 40 名在德资企业工作的员工进行了半结构化访谈，其中德国员工 14 名，中国员工 26 名。受访者的基本情况如下表所示：

表 1-2　访谈对象信息统计表

国籍	性别		年龄				职务		
	男	女	30 岁以下	30—39 岁	40—49 岁	50 岁以上	一般职员	中层	高层
中国	8	18	9	11	5	1	10	15	1
德国	14	0	2	4	1	7	3	3	8

受访对象分别在 26 家不同的德国合资、独资企业工作，这些企业主要分布在珠三角地区和北京，业务范围包括汽车、电子、照明、机械等制造业，航空、保险、咨询等服务业，也有专门协助德国企业在中国开展业务的合作公司。

其中访谈对象最集中的一家企业分别有两名德国籍员工和三名中国籍员工接受了访谈，另有六家企业分别有一名中国员工和一名德国员工接受了访谈。出现这种情况是因为我们采取的抽样方法是目的性抽样，即尽量利用学生、同学、朋友等社交关系与受访者建立联系，然后采用滚雪球抽样的方式来寻找更多的受访

1　Arksey, Hilary & Knight, Peter. Interviewing for Social Scientists [M]. Thousand Oaks, London, New Delhi: SAGE Publications. 1999: 7-9

2　Wengraf, Tom. Qualitative Research Interviewing Biographic Narrative and Semi-Structured Methods [M] London. Thousand Oaks. New Delhi: SAGE Publications. 2001: 6

者，这种方法适用于难以寻找到合适的受访者的情况。[1]一部分中国受访者接受采访后同意为我们介绍他们的德国同事，这成为我们与德国受访者建立联系的重要渠道之一。对同一家企业中的中国员工和德国员工进行访谈，也有助于我们从中德两种文化背景的参与者角度了解企业中文化适应的具体情况。

鉴于受访的德国员工的数量较少，我们还进行了5个辅助访谈，对象是在中国生活了一段时间的德国人，他们以教师、学生或文化机构职员的身份来到中国，在日常生活和工作中与中国人有密切的联系，因此他们提供的信息对我们的研究有重要的参考意义。

与受访者建立联系的过程中，我们会向受访者说明研究项目的基本情况和研究目的，说明访谈遵循自愿原则，受访者可以拒绝回答任何一个问题。我们向研究者保证对获得的所有资料进行保密，不会透露受访者的身份，以此打消受访者的顾虑。

其中一名访谈对象因身在德国无法接受面对面访谈，所以我们采用微信聊天的方式进行，这个“线上”访谈持续了两个半小时，访谈中会因为受访者有临时的工作任务要完成而短暂中断。它的不足是深度不足，但从时间和空间上具有更大的灵活性，“研究者有更多的时间去完整地表达连续的问题或进行探索性调查”[2]。其余的39个访谈全部采用面对面的方式进行。约半数的访谈在受访者的工作地点进行，其他则多在餐馆、咖啡厅等场所进行。受访者用自己的母语回答问题，某些受访者也使用了部分英语概念，主要是工作流程中的常用语。每个访谈持续的时间在一个半小时左右，最短的访谈时长40分钟，最长的两个半小时。在面对面访谈中，除一名访谈者拒绝录音外，我们对余下的38个访谈都进行了录音，并对全部访谈录音进行了转写，获取了数百页的文稿。

为了保证研究的信度和效度，我们在调查过程中采取了以下措施：

首先，为了掌握科学访谈的方法，研究者前期接受了专门的调查方法培训，通过模拟训练不断提高自己的访谈技巧，并与有经验的质性研究人员进行了交流。

其次，我们尽量对所有访谈都进行录音，并在访谈结束后马上进行誊写，保证研究材料的真实性和完整性。

1 Saunders, Mark & Lewis, Philip & Thornhill, Adrian. Research Methods for Business Students, Fourth Edition [M]. Essex: Pearson Education Limited. 2007: 232

2 方塔纳，弗里．访谈：从结构式问题到引导式谈话 [A]. In: 定性研究：经验资料收集与分析的方法，第三卷．重庆：重庆大学出版社．2007：706

再次，我们在研究过程中尽量以朋友、老师等身份与被访者建立联系，弱化研究者身份，使被访者在放松的状态下描述自己的经历和感受。访谈过程中我们会适当地与被访者交流自己的经验和感受，尝试与被访者产生共鸣。在写作中我们尽量直接引用受访者的原话，避免不作细致的考察便下结论，减少研究者主观看法和判断对研究结果的影响。

最后，调查后我们尽量请受访者核实访谈内容的真实性，将部分访谈记录发回给受访者以确认其内容。

除通过深度访谈获得研究资料外，我们还辅助运用了参与观察法。参与观察是指“研究者深入到研究对象的生活背景中，在实际参与研究对象日常社会生活的过程中进行的观察，它是一种非结构型的观察”。[1] 乔金森认为，该方法尤其适用于研究人类生活所体现的当时的社会文化背景，研究事件的发生过程，人们与事件的关系及组合，事件的连贯性和模式。[2] 参与观察法的优点在于能够避免研究者将自己的观点和看法强加于他试图理解的社会现象，其缺点在于获得的资料难以用数量进行统计，研究结果也无法重复。

本书作者主要利用为不同机构担任德汉或汉德口译员的机会开展参与式观察。具体可以分为三种情况：

第一，对部分研究对象采用了参与观察与访谈相结合的方式进行调查。我们在进行访谈前以翻译的身份参与了受访者企业的生产经营活动，这一方面帮助我们与受访对象建立良好的关系，让受访者更加容易敞开心扉描述自己的真实经历和感受。另一方面，如哈莫斯利（Hammersley）指出的，将参与观察与访谈相结合的明显优势尤其体现在可以用某一方法获得的每个数据来验证另一渠道得到的数据。[3] 通过参与观察，研究者既能对访谈中获得的资料进行验证，也能够更好地理解所获数据的意义。

第二，研究者仅以翻译的身份为企业提供服务，从旁观察企业及员工在内部沟通和外部沟通中的具体情况。对于这类企业，虽然我们后期未能进行深度访谈，但由于翻译工作提供的便利，我们或能够了解企业内部员工间沟通的真实过程（如企业内部培训），或者能够了解企业与外部合作伙伴之间的业务情况（如商务谈判）。

---

1 范明林，吴军．质性研究 [M]. 上海：格致出版社 . 2009：120

2 乔金森 . 参与观察法 . 关于人类研究的一种方法 [M]. 重庆：重庆大学出版社 . 2015：2

3 Hammersley, Martyn & Atkinson, Paul. Ethnography. Principles in practice, Third edition [M]. Taylor & Francis e-Library. 2007: 102

第三，研究者为非企业性质的其他外交、文化、教育等机构提供翻译服务，参与观察德国人或德国机构在与中国人、中国机构合作或交往中的具体表现。这类参与观察与企业活动无关，可作为研究的辅助资料。

总的来说，研究者以翻译的身份进入研究场域时，中德文化团队的成员并不会因为研究者的出现而改变自己的行为，研究者获得了亲眼目睹真实现象的机会，而且参与观察可以看到连续性的现象，比利用访谈或其他线索建构的意义更加完整。

三、资料分析方法

本书以扎根理论作为资料分析的理论依据，对获得的一手数据进行编码和分析。扎根理论将归纳探究和诱导探究与比较方法相结合，是社会研究中分析个人和集体行为的一种有效的定性方法。[1]

扎根理论方法最早出现在社会学家格拉泽（Glaser）和施特劳斯（Strauss）20 世纪 60 年代关于死亡过程的研究中，他们的著作《扎根理论的发现》被视为扎根理论的奠基之作。他们提倡在基于数据的研究中发展理论，而不是从已有的理论中演绎可验证性的假设。按照书中的观点，扎根理论“符合经验情境，对于社会学家和外行人来说都是可以理解的。最重要的是，它可以为我们提供相关的预测、解释、阐释和应用”。[2] 经过数十年的发展，扎根理论已成为重要的社会科学研究方法。扎根理论主张研究者对研究现象持一种开放的态度，通过观察、互动以及搜集到的资料来建构数据，研究经验事件和体验，追随自己对它们的直觉和潜在的分析理念，在此基础上形成理论分析。[3] 扎根理论主张研究者开始研究时不带有任何先验性的理论假设，也不追求得到可推广的结论，有利于在研究中突破现有理论框架的束缚。

现有的文化适应与文化协同理论都起源于西方，对于这些理论是否适用于非欧美文化圈仍存在争议，因此本书仅将现有理论作为参考，研究的目的也不是对现有理论进行验证，而是尝试进行本土化的研究，对特定条件下的跨文化活动进行解释。本书通过深度访谈和参与观察获得第一手资料，通过对数据的编码分析

1 Denzin, Norman K. & Lincoln, Yvonna S (Editors). The SAGE Handbook of Qualitative Research. Fifth Edition [M]. Los Angeles, London, New Delhi, Singapore, Washington DC, Melbourne: SAGE Publications, Inc. 2018: 721

2 Glaser, Barney G. & Strauss, Anselm L. Strategies for Qualitative Research [M]. New Brunswick, London: Aldine Transaction. 2006: 1

3 卡麦兹 . 边国英译 . 建构扎根理论：质性研究实践指南 [M]. 重庆：重庆大学出版社 . 2009：3-4

归纳出在华德资企业文化适应和文化协同的相关理论模型，符合扎根理论的原则与策略。

本书的数据整理与分析基本遵循扎根理论的原则开展。扎根理论强调资料的收集与分析应同时发生，在分析资料的过程中抽象出相对突出的问题、概念或主题进行编码，将其作为后期收集资料的重点。收集完新的资料后，再次进行编码，整个过程不断循环，直到找不出新的编码。卡麦兹指出，抽样、编码和撰写备忘录是扎根理论方法的三个核心步骤，[1] 这三个步骤并非按照线性的过程发生，而是交错进行的，其具体实施非常依赖研究者的“理论触觉（theoretical sensitivity）”[2]，即对理论的敏感度。

扎根理论的编码（Coding）分为开放性编码（Open Coding）、主轴编码（Axial Coding）和选择性编码（Selective Coding）三个步骤[3]，也被称为一级编码（开放式登录）、二级编码（关联式登录或轴心式登录）和三级编码（核心式登录或选择式登录）[4]。我们按照这三个步骤对通过访谈和参与观察获得的资料进行了编码。在开放性编码中，我们将获得的资料分解成词句或片段，不断进行比较，用最重要或出现得最频繁的代码来对数据进行分类、综合、整合和组织。完成逐行逐句的开放编码后，我们将分割后的资料加以聚类，通过对概念之间的反复思考和分析，整合出更高抽象层次的范畴，即概念类属。最后，我们通过对已发现的概念类属进行系统分析后选择一个具统领性的“核心类属”，将大部分研究结果囊括在一个比较宽泛的理论范围内。

我们获得的原始研究材料为访谈记录稿，由于其数量庞大，在资料的编码过程中我们采用质性分析软件 MAXQDA18.0 对资料进行分析和管理。从 1989 年发布了第一个版本之后，MAXQDA 逐渐成为得到广泛运用的定性研究工具，它可以分析包括文本、多媒体、图片、视频等在内的信息资料。代码是 MAXQDA 软件的主要分析工具，可以分配给材料中任何标记出来的部分，例如访谈的段落。以等级方式排列的代码和子代码可以构成代码系统。代码系统使数据材料得到组织化、系统化，帮助我们找出数据资料的“理论点”，能够一目了然地显示资料分析的结果。此外 MAXQDA 的备忘录功能对我们的分析有重要意义，我们可以在备忘录中随时记录想法、假设以及为下一步分析提出的问题等。

1 卡麦兹 . 边国英译 . 建构扎根理论：质性研究实践指南 [M]. 重庆：重庆大学出版社 . 2009：14

2 Glaser, Barney G. & Strauss, Anselm L. Strategies for Qualitative Research [M]. New Brunswick, London: Aldine Transaction. 2006: 46-47

3 范明林，吴军 . 质性研究 [M]. 上海：格致出版社 . 2009：90

4 陈向明 . 质的研究方法与社会科学研究 [M]. 北京：教育科学出版社 . 2000：332-335

将 40 个访谈记录的文本导入 MAXQDA18.0 软件后，我们对全部的资料进行了编码，共获得了 1045 个代码，分为 9 个代码系统，每个代码系统下属数量不一的子代码。需要说明的是，代码系统和子代码并非在编码开始时就确定的，而是在对资料进行反复阅读和比对、经过多次调整后才最终确定的。完成编码后，我们可以方便地将同一代码对应的已编码文本段连同其备忘录一起导出为一个文件，方便对原始材料进行进一步的研读和分析。

本书的研究尝试分析场景的本质，即它对参与者意味着什么，他们的经历是什么样子，对他们而言正在发生的事的意义是什么，从而理解情境的独特性。质的方法符合本书的研究目的，并且有利于突破西方文化适应与文化协同研究的思维框架，摆脱现有理论框架的约束，构建符合研究对象实际的本土化理论。需要说明的是，虽然扎根理论主张研究者不应带有任何理论假设，但研究者在对语料进行分析的过程中，必然要在自己的经验型知识、前人的理论和收集到的原始资料之间不断互动。研究者必须利用自己的前见，才能理解所研究的现象，因此无法完全排除研究者的主观性对研究结果的影响。

第四节 小 结

回顾德国企业对华投资的发展变化可以看出，近年来两国之间的经贸合作形势向好，这是由于双方的经济存在明显的互补性，有着进一步加强合作的强烈意愿。德资企业为中国带来了资金、技术和管理经验，成为中国经济的重要组成部分，促进了中国经济的改革进程。但由于中德两国在社会、政治、法律制度方面存在的差异，来自两国的企业员工在语言、习俗、传统等方面也存在不同，这些企业在中国的经营中也面临许多问题和困难。对这些企业的运作进行研究，分析在中德文化双重影响下如何通过文化适应克服文化差异带来的负面影响，对双方的行为方式、价值观等进行整合，创造最佳的文化协同增效，有着重要的意义。

通过分析跨文化管理的理论基础，我们认为文化是可习得的，并且它影响着团队成员的态度和行为，这为文化适应和文化协同的发生提供了前提。现有的跨文化管理研究多以文化维度模式为基础，这些维度的划分强调不同文化之间的差异，因此国内外学者围绕跨国企业价值观和规范、组织架构、管理结构、管理决策、员工的行为等开展的研究多半也关注文化差异带来的困难，文化多样性带来的优势仍未得到足够的重视。对外资企业来说，母文化与异文化之间的相互适应是避免文化冲突、提高企业核心竞争力的重要条件。现有的相关研究多关注外派人员在异文化中的适应情况，不关注目标文化成员和团队的适应情况。本书将从个人和群体两个层面开展，同时考察两种文化背景的员工在外资企业这一跨文化团队中的文化适应情况，这是一个创新。我们认为文化适应是两种文化相互作用的一个动态过程，文化协同则是文化适应成功后的效果，也是跨国企业追求的目标，因此将以德资企业中文化适应的具体表现为基础，分析和归纳文化协同发生的前提和机制。

本书采用了质的研究方法，以半结构化访谈为主，参与观察为辅的方式收集了大量一手资料。我们借助质性分析软件 MAXQDA18.0，遵循扎根理论的基本原则对资料进行分析，目标是构建本土化的理论。本书力求在自然情境下收集德资企业的经营管理中的一手资料，通过对资料的编码和分析归纳文化适应发生的具体过程，总结德资企业文化协同的作用方式。

上篇

在华德资企业文化适应过程研究

第二章

一家德资企业在中国的发展史

本章选取位于珠江三角洲的一家企业，对其二十多年来的发展变化进行个案分析。该企业所属的集团是德国位列《财富》世界500强的工业巨头，在全球共有超过16万名员工，业务范围包括钢铁、汽车零部件、机器制造、材料、电梯、工业技术等，企业并购是集团发展业务的重要手段。该公司的产品业务属于工业技术范畴，其发展可追溯到19世纪60年代，目前在整个集团的工业技术业务占比达到50%左右，是集团目前盈利能力最高的业务子单元。企业所属集团是该行业全球最大的生产商之一，客户遍布世界150个国家。集团于1995年成立了该公司，标志其正式进军亚太市场。它最初是一家中国内地、中国香港、德国三方合资的企业，后来逐步转为德国独资。2006年公司的新厂房投入使用，这是集团在全球的最大生产基地，也是全国最现代化的生产基地。除该公司外，集团还在中国成立了两家工厂，并在全国各地设立了负责售后服务的分公司，雇员已经超过八千人。中国工厂与集团下属的两家分别位于德国和西班牙的工厂有密切的业务往来。

从发展历程来看，这家企业经历了从合资企业到独资企业的转变，其管理从最开始的中德合作转变为德方占绝对主导权的过程，有利于我们对两种管理模式进行对比。从访谈中我们还了解到，该企业完成独资企业的转型后，开始了生产和管理的本土化改革，这一调整对公司的业务发展起到了决定性的作用。2000年，集团为了对应该业务日益增长的需求，在集团内设立了独立的业务单元，并在2003年成立了亚太区业务单元，这一架构调整使得中国公司与总部的关系发生了多次的变化，公司的两块业务经历了两次分合，对企业和员工的个人发展带来了挑战。鉴于这家企业在行业中的领先地位及其在近20年间发展的复杂性，我们认为它对我们的研究有充分的代表性，因此选择它作为个案分析对象。

为了全面了解该公司的情况，研究者通过朋友介绍认识了在集团任职的三名中国员工，他们都在该企业的不同部门任职了十五年以上，目前都担任中层管理者，其中一位访谈对象是公司刚刚成立时招聘的第一个中国员工，时至今日还是该企业集体户的户主，他见证了公司发展的全过程。通过对他们的访谈，研究者得以了解公司在不同时期的发展历程，全面掌握公司运作和员工工作的现状。在中国员工的帮助下，研究者还对两位在公司工作过的德国工程师进行了访谈，了解他们与中国员工共同工作的具体情况。对中德多名员工的深入访谈帮助研究者全面了解这家企业发展过程中两种文化的碰撞和相互影响，这是我们选择它进行个案分析的另一个原因。

第一节　从合资企业到独资企业

1995 年，企业在珠三角地区的某市成立，当时是一家三方合资的企业，除了拥有控股权的德国投资方外，还有一家中国香港公司和当地唯一一家生产同类产品的集体企业参与投资。由于香港股东所占股份最少，而且两年后就退出了公司，因此对公司的管理基本没有影响。

一、缺乏沟通的明确分工

公司成立之初，德方和中方的分工非常明确：中方负责政府关系、行政和人事，德方负责工厂的管理。由德方负责工厂管理是因为他们对自己公司的技术和产品更加熟悉。由中方来负责行政和人事看起来也合情合理，他们熟悉中国当地的政策法规，与员工交流也没有语言的障碍，沟通势必更加顺畅。但明确分工的背后，双方并未进行充分的沟通，以致出现了德方未能预计的管理问题，也给公司的发展埋下了隐患。

在人事管理中非常重要的一个部分是确定员工的工资水平，德方由于对中国当地情况的不了解，因此将确定薪金标准的权力完全交到中方手中：

> “德国人的原则是什么呢？我不违反当地的法律，至少法律的最低线我要达到，那高出标准多少我是不关心的，就看你中方的人怎么说，你告诉他这样就这样，你告诉他那样就那样。因为我当时在做翻译，我知道这些东西，因为跟他们日常也要沟通解释。所以他们要达到这个底线，高出多少就交给中方，你们参考当地的水平，比方补贴 10 块钱是

法律底线，你是给 15 还是 20，他们都不卡。”（C19，中国人，42 岁，男，生产部 & 生产计划部高级经理）

以薪金福利为例，德方在招聘过程中只负责与员工谈工资，其他假期、福利、住房等都交由中方负责。由于企业性质的变化，来自集体企业的中方管理者在面试时承诺提供的住房等福利最终都没有得到兑现，因为“进了合资企业就要照着合资企业的规矩来”。在工资水平的确定方面，公司还遭遇了一个特殊的情况：由于中方的部分员工是作为集体企业的员工被派到合资公司工作的，与原单位相比，新公司的薪金水平要高得多，导致了原单位员工的不满。

“我们的副总经理过来，在厂里原来是 2200 块钱的工资，他在厂里也是副总，到了这边新公司给他 6500，他就只收 2500，4000 交给厂里的财务部门。……他不能不交，因为那边的人看着都眼红。你是个合资企业，你是属于外派，派到这边来为什么工资那么高？所以你必须把多余的部分交过来，就是这么做的。所以刚开始工程师在厂里拿 600 块钱，公司给他一千块钱，那边的就开始闹了，为什么去了公司有 1100 我们只有 600，当然这几百块钱的差距，最后没有闹成也就算了，但总经理自己就把他的钱交回去了。”（C19，中国人，42 岁，男，生产部 & 生产计划部高级经理）

这导致该企业在员工的工资福利方面处于一种尴尬的境地，作为享有良好声誉的外资企业，德方其实并不介意为员工提供丰厚的报酬，但由于负责确定工资的中方担忧厂里其他员工不满，制定的工资水平与本地企业并无明显的差异，这使得本应在工资方面更胜一筹的外资企业在应聘者眼中失去了吸引力，而且这种影响时至今日仍未消失。

“问题在我们中方的管理团队，所以公司当时的工资就只停留在这个起点线而已，就国家是什么样的福利政策，我们就遵守什么样的政策，不会比这个高，后来其实从我自己的感觉来说，我们这块跟其他外资企业相比是不怎么样，特别跟广州深圳的企业相比，虽然在本地还好，但起点低了，国内投资方退出以后，这个东西也改变不了多少，包括整体

> 工资水平，因为工资的架构就已经定在这里了，定在这里就上不去了，所以我们工资跟广州深圳相比是差得比较远的。”（C19，中国人，42 岁，男，生产部 & 生产计划部高级经理）

虽然后来公司逐步改善了员工的福利，包括按照最高的标准为员工购买国家规定的五险一金，还出资为所有员工购买商业保险，多名受访者都表示公司的福利在当地属于最好的，但基本工资水平不高的情况还是让公司流失了一部分专业技术人才，他们选择前往收入更有吸引力的大城市工作，该公司的招聘条件对人才的吸引力也打了折扣。

二、以技术为导向的经营理念

由于德国企业一开始只关注生产技术，不重视本土国情，导致公司刚成立的阶段销量一直不高，直到公司开始逐步实施本地化，才改变了这种状况。

公司对技术的专注还体现在他们对产品的宣传上。生产同类产品的日本企业都大量在各种媒体上投放广告，但德方管理者从来不做媒体广告。让中国员工无法理解的是公司还从不参加业内的展会，这种传统一直持续至今。

> “……而且我们从来不参加电梯展，电梯展都不参加，很难理解的。其他所有大大小小的电梯厂，一年一度的电梯展，别人都去参加，我们不参加。虽然我们现在总经理是中国人，但最后大的决定还是德国人。这就是形成了一种文化就是不参加，提都不提，已经形成一种传统了，历来都是不参加。不推销自己，不在乎，从来不参加。”（C20，中国人，49 岁，男，销售经理）

在公司成立后的前十五年，企业甚至没有专门负责宣传产品和联系客户的市场部。虽然公司的产品质量上乘，但是对品质的追求必然要以高昂的成本为代价，立志在中国市场上大展拳脚的公司落入了尴尬的境地：徒有高品质的产品，却无法打开知名度，也无法与掌握着销售渠道的政府部门建立联系，因此企业连年亏损。

第二节　缓慢的本土化过程

1999年，中国投资方退出公司，它正式成为一个独资企业，德方掌握了全部的经营权。过去四五年的发展让总公司开始意识到了中国分公司正处于一种水土不服的状态，开始进行本土化的改革，公司得以逐步扭亏为盈。本土化改革进行得非常缓慢，涉及公司生产和管理的多个方面。

一、生产材料的本土化和扩大产品线

刚开始公司主要是进行技术转移，接到订单后，德国总公司负责生产主要部件，中国公司仅负责最后的组装。从公司成立伊始，德方就专注于技术的开发，而且制定了严格的、超高的质量标准。

> “他认为我要的就是一流的产品，保障质量是没问题的，你想用十年，我保证你用十五年都没有问题，完全是超过你的，over quality，你要这种水准，他给你更高的水准，同样的价钱他也不降，实际上不管做电梯还是汽车，十年前大众汽车很贵的，他们不肯降价，电梯也一样，刚开始十年的时间，他们永远不谈价钱。”（C19，中国人，42岁，男，生产部 & 生产计划部高级经理）

但要达到德国的质量水准，需要有高水准的生产原料作为保障，由于当时国内的材料与德国相比仍存在很大差距，德方坚持使用价格更为昂贵的进口材料。这种坚持让公司产品的价格居高不下，自然也就在市场上缺乏竞争力，因此最初的五年公司发展极度缓慢。为了降低生产成本，公司开始选用国内的材料，由于对国内材料质量的不信任，这个过程非常漫长。

> “他们在这边的时候，我们买的材料都是全进口的，当然价格是非常高的，但他们不肯国产，他们不相信我们的东西，这个只有我们逐步逐步地、一点一点从最简单的螺丝开始替换。包括螺丝，他们说要用沃尔特的，沃尔特也是德国一个很大的贸易集团，它的螺丝也不便宜，他们说一定要这种。……钢板他们要宝钢的，要国内最好的，是逐步逐步

这样，一步一步地慢慢放开来，我们才能够用这些东西。”（C19，中国人，42岁，男，生产部 & 生产计划部高级经理）

由于对自己产品质量的高要求，德方领导坚持认为应该用高端产品占领市场，这同样使得公司的营业额迟迟无法提升，错失了占领市场的先机。

“德国人也不开发低端的产品，像X、Y在做的都属于低端产品，他们是不做的，拒绝花时间去研发，我们到2005年开始才做低端产品。因为高端产品的市场占有率很有限，市场份额是很低的，所以我们直到2005年，从量的方面发展非常缓慢。”（C19，中国人，42岁，男，生产部 & 生产计划部高级经理）

本土化的另一个重要举措，是公司在更换管理层后开始开发更受市场欢迎的低端产品，扩大了产品线，大幅提高了市场的占有率。根据受访者的介绍，公司前十年的产量仅达到1800台，从2005年到2015年的十年间，便实现了从1800到15,000的飞速增长。

二、公司管理层的本土化

与生产一样，公司管理层的本土化也是逐步实现的，最早从德国人手中交出来的是销售经理的职位，然后才慢慢过渡到生产、采购，以及逐渐从生产部单独分出来的工程部和检验部。公司成立后短短五年间换了三任德国总经理，但企业连续亏损。2000年改由外籍华人担任总经理，2001年公司开始扭亏为盈，证明管理层的本土化是成功的。进行管理层本土化的原因是多方面的：

第一，语言的障碍会影响德国经理的工作效率。企业在成立初期必须为经理配备专门的德语翻译，这使得沟通的障碍大大增加。改为由外籍华人经理进行管理，他们可以直接用英语或中文与下属交流，大大提高工作效率。

“有些经理英语不是特别好的话，再搞个翻译效率很差的。初期可以，但是后面运作很快的时候，搞德国人来管理是比较困难的，除非德国人英文、中文很流利。”（C20，中国人，49岁，男，销售经理）

第二，德国外派员工的成本过高，达到本地员工的十倍之多，大大加重了企业的负担。

> “那时候德国人很多，关键的七个，总经理是德国的，生产经理是德国人，技术经理是德国人。然后还有财务经理是德国人，还有技术的工程师的也有德国人，那时候有四五个人是常驻在这边，关键的高级经理岗位全部都是德国人。中方这边全是副经理，副经理负责日常的一些管理，德国人负责把关和签字，是这样的。所以他们的人工费用是非常高的，是我们的十倍左右。他们个人的住宿差旅公司是全包的。同时他们是拿两份工资，德国本部那边拿一份工资，到这边拿一份工资，还有额外的补贴，所以他们个人的费用是非常厉害的，因为总的量不大，卖的不多，公司的盈利有限。”（C18，中国人，53岁，男，客户服务部服务经理）

第三，德国管理人员无法适应中国市场。专注于追求技术与品质的企业生产出了高质量的产品，却苦于无法得到市场的青睐。由于产品的特殊性，要扩大市场必须与客户建立关系，尤其要拉近与当地不同机构的关系，这不符合德国管理者的理念，他们也不擅长此道，因此最先交到中国人手中的是销售经理的职位。随着更了解中国市场情况的华人走马上任，他们主动出击为公司争取到了更多的订单。

更加了解中国情况的华人走马上任带来的好处显而易见，但也有受访者提到，更换管理层后，公司的政治斗争明显增多了。

尽管管理层的本土化势在必行，但从德国总部选择的人员可以看出它对中国人仍然缺乏信任。最早进入公司接替德国人的是德籍华人，后来陆续加入其他国家的华人。目前虽然公司的经理职位都由中国人担任，但两个分工厂的最高领导仍分别是澳大利亚籍和新加坡藉华人。

> “刚开始他们招的一些经理都是外籍华人，包括新加坡的，或者是德国的、加拿大的，他们不会招本地的。中国籍基本上在前面十年是没有任何机会的。……这么多年来，他们虽然改变了很多，但这一点还是没有改过来。他们从面上不会歧视中国这边的，但是重要岗位他们心里还是倾向于其他国家，像我们这样的话，基本上就没有机会当总经理这

一级，包括亚太这一层。”（C18，中国人，53 岁，男，客户服务部服务经理）

从其他访谈中获得的信息来看，这种情况在外资企业中非常常见，正如受访者所言，要改变德国人的看法是一件非常困难的事情，唯一的办法是向他们证明自己的实力。

伴随企业本土化的还有工作语言的变化，2000 年之前，公司的“通用”语言是德语，发布任何通知时都要有德语版本才算“有效”，彼时德国总经理的工作必须在秘书兼翻译的协助下开展。

“他要发个通知都要用翻译。当时德语是通用的，德语的通知比中文的有效，现在当然是不一样了，现在是英文跟中文有效了，现在德文已经不再有效了。”（C20，中国人，49 岁，男，销售经理）

2000 年之后，公司的工作语言自然过渡到了更加通用的英语，这有效提高了公司内部的沟通效率。

第三节 “没文化”的企业文化

虽然该企业的德国母公司是一家历史悠久、实力雄厚的技术康采恩，但令研究者意外的是一位中国受访者在访谈中提到了公司的文化就是“没文化”，另外一位中国受访者也指出公司的管理“很不到位”。从受访者的描述中，我们可以一窥他们有此印象的原因，也能够发现“没文化”的企业文化的独到之处。

一、庞大的公司架构带来的利与弊

受访者之所以认为公司的管理混乱，其根本原因是母公司的行业涉及面过广，且公司主要靠并购发展壮大，经常收购与出售不同的企业，因此难以形成统一的企业文化。集团组织架构的多次变动，导致中国公司与集团之间的关系变得复杂甚至混乱，公司的权力斗争愈演愈烈，中层管理者也不得不被卷入政治斗争，造成企业的内耗。

> “不利的影响肯定会有，很多时候就涉及斗争，因为这个机构太复杂了，管理太复杂了，业务交叉太复杂了。所以面临着你在一个岗位上面对着很多的斗争，可能这个老板要你这么做，另一个老板要你那么做。……我现在已经放弃这一块了，你主动或被动都会被卷入到斗争当中。比如人家想让你这么干，你觉得这么干不对，你觉得那样干更好，你就要想自己的方法，但人家不同意你这么做，或者去影响你，或者去影响你的上级。所以平级之间、上下级之间都会有斗争。刚开始的时候没有这么复杂，刚开始是平向的，不是斗争，是竞争。我自己感觉这个架构太复杂了，不利于公司的发展。”（C19，中国人，42 岁，男，生产部 & 生产计划部高级经理）

面对权力更替带来的困境，访谈对象往往无能为力，只能选择退出权力的漩涡，也有访谈者指出专注于自己的业务才是经受住考验的最佳途径。

> “管理方面我没有太大的参与，所以这也是为什么这十多年我大浪淘沙能沉淀下来的一个原因。……这十多年变化蛮大的，还好我没有牺牲，还留在这里。我们也走了蛮多人的，进进出出有很多人。毕竟我也不是什么管理层，我还是侧重于技术支持这一方面，不管换什么领导也不可能丢业务，只能越做越好。”（C20，中国人，49 岁，男，销售经理）

集团组织架构的调整带来的也不全是坏处，它给中国公司带来了新的发展契机。集团内还有另外两个位于德国和西班牙的工厂与中国公司生产相同的产品，虽然三个工厂面对相同的客户，但长期没有统一的生产控制系统，每个工厂都用自己开发的管理系统，负责各自的市场，资源得不到整合。2016 年，集团决定在生产线上引入统一的系统，这意味着欧洲工厂将尽量向有价格优势的中国工厂采购，中国工厂也有机会将产品销到一直被欧洲两个工厂占领的市场。

> “我们希望能通过产品整合，还有成本的缩减，希望能够提高我们工厂的竞争优势，赢得一部分他们德国工厂或西班牙工厂以前竞争不过别人的订单。”（C20，中国人，49 岁，男，销售经理）

二、注重提升员工的竞争力

公司内部的权力斗争给员工带来了许多挑战，但也提高了员工的沟通能力，许多离开公司的员工都得到了更好的发展。他们离开的原因多半是因为公司的工资待遇没有吸引力，想到大城市发展。

> “一个比较现实的情况是，如果你在公司能待得住两年，你再去外面绝对能待得住12年，而且保证你的岗位一定是更上一层楼的，我们无数的事实都证明了这一点。因为公司虽然没有什么企业文化，但是它非常能锻炼人。……不管是哪个岗位，你只要在这里干了，因为公司里面的业务流程是很复杂的，人际的沟通方面对个人沟通能力的要求很高。”（C19，中国人，42岁，男，生产部 & 生产计划部高级经理）

除此以外，公司并非一味地追求生产效率，非常重视对员工责任心的培养，并用具体的奖励措施鼓励员工开动脑筋参与改进生产流程。

> “一种没有文化的文化是什么呢？培养他们严格遵守纪律，不能有任何违规的现象，一定要敬业，一定要有责任心！对个人方面……工人一定能学到这一点。因为我们在这一块对工人的要求是很高的。在很多懒散的企业里面，工人是很随便的，你看他做生产线的时候拼命在做，会要求工人做快点做快点，但是其他生活呀等等完全不关心别人。我们这里呢，生产线我们不会拼命让你做得很快，我们从来不要求，但我们会想办法鼓励你怎么样把生产流程缩短，怎么样把效率提高，怎么样提高质量。我们鼓励大家去动脑筋。我们会有一些制度鼓励大家去动脑筋，所以很多时候工人动脑筋发明的好东西，我们都会有奖励，这实际上就属于我们没有文化的文化的一种。”（C19，中国人，42岁，男，生产部 & 生产计划部高级经理）

与奖励同样重要的是惩罚机制，用生产经理的话说公司的处罚“非常严厉”，但并非采用经济惩罚手段，而是用警告、书面警告、记过、开除等手段。而且对员工的错误会根据严重性酌情处理，目的在于提高员工的责任感。

“安全方面是不能妥协的，质量方面有的妥协，有的不妥协。有的批量生产是没得妥协的，比方我们要求生产十瓶产品，第一瓶一定要检查，第五瓶一定要检，第十瓶一定要检，如果你第一瓶没有检导致十瓶全部报废，那就没得妥协，一定要处罚。如果你第一瓶检了，报废第一个，那就口头批评你。他会给你机会给你改进。个人方面如果是能力的错误是可以接受的，但是态度方面的、责任心方面的是永远不能接受的。所以这对工人的责任意识方面有很大的促进作用。”（C19，中国人，42岁，男，生产部 & 生产计划部高级经理）

虽然受访者把公司的这种制度称为“没文化的文化”，但它也从一定程度上促进了员工的个人发展，对企业的发展也起到了积极作用。

三、从无到有的培训体系

职业培训是德资企业人力资源管理中的重要环节，从该公司的情况来看，公司成立之初有大量的技术专家从德国到中国来对员工进行培训，但企业开始生产后，没有形成完善的培训制度，对于销售、管理等岗位来说尤其明显，也让部分受访者诟病它不像个德资企业。一位受访者是这么描述进入公司时的第一印象的：

“没有入职培训，公司这方面还是做得比较差的，我感觉德国企业在管理方面很不到位，没有什么规章制度，也没有一些文件，一些什么的，它很……就是你自己想怎么干就怎么干，刚开始的话你会很迷惘，就不知道怎么搞，但是你工作一段时间你怎么搞都可以。……当时两个工厂都是由德国人来管。但是他们在制度方面确实不像日本的企业规范，甚至连岗位说明书都没有。第一天上班也根本没有人接待或者带领，就部门经理给你讲一讲，然后很多东西就靠自己了。”（C18，53岁，男，客户服务部经理）

随着公司的发展壮大，它对员工培训越来越重视，2005年集团在西班牙成立了首个针对行业的内部培训中心 seed campus，目前全球培训网络包括12个培训中心，遍布欧洲、中东、亚洲和美洲。培训的内容有针对专业技术人员的课程，也有为管理人员提供的软技能方面的课程。

第四节　工作方式的相互借鉴

在公司的发展过程中，一直与集团内业务范畴相同的德国公司保持密切的联系。刚开始两者的关系是技术转让的转让方和接收方，德国公司不仅向中国公司派出管理者，还要定期地安排装配工人和工程师到中国进行技术指导。生产逐步本土化后，中国公司仍需从德国公司进口一些材料或关键部件，两者成为厂家和客户的关系。集团推行全球化发展战略后，要在全球的三家工厂研发并实施统一的生产系统，因此德国与中国公司在技术方面的交流更加频繁。中德员工一直在密切的合作中保持沟通，对彼此的长处与不足都有了清楚的认识，找到了提高合作效率的有效方法。

一、给德国同事“洗脑”

毫无疑问，德国公司在材料和技术方面拥有强大的实力，但与中国公司相比，他们的许多工作方式已经落后了，关于成本计算的具体例子可以很好地说明这一点。

> “很荒唐的一件事情是什么呢？他们计算成本。最近我们也在跟他们谈，他们的成本停留在十年前的水平，他们是怎么样算呢？十年前算一个成本，每年按人工标准升 5%，每年乘以 1.05，就这么算现在的成本，那怎么可能？这肯定不对。现在我们让他们算一算，成本比十年前已经低了，但他们报给我们的价钱就是按十年前每年乘 1.05 乘上去报的是这么算的，太老套了！他们在这一块进步已经远远跟不上我们的要求了。他们不每年算，我们算成本是每个月算一次的，我每个月算哪些有改进，哪些有落后，每个月算好调整市场的价格，他们十年前的成本今天还在用，拍拍脑袋，拍一下，每年员工大概升 5%，十年前是 100 块，九年前是 105，八年前是 110，到今年肯定是 160，我就按 160 算，实际上他算成本只有 120 块，但是它按 160 块报给我，它利润高了，但我卖不出去啊，利润总量就少了。这个公司就发展不上去，我们碰到的就是这个问题。”（C19，中国人，42 岁，男，生产部 & 生产计划部高级经理）

随着公司业务的飞速发展，德国公司在合作中已经无法跟上中国市场的节奏，最典型的一个例子是交货期限不精确，而且比国内要长得多，给中国公司带来了很大的困难。

> “到今天为止他们搞不清楚发货，他们永远不跟你谈哪一天发货，他们只跟你谈哪一周，而我们永远都只知道哪一天。……他们认为星期一到星期五没关系，影响不大。交付期是以周来做，但我们的交付期是以天来做。中国市场你没办法。中国人的思维，你建楼建了两层，哦，电梯还没买，我来买电梯吧，那就问你能不能三个星期或四个星期给我？德国人是怎么样呢？德国的技术部门处理就要三四个星期，生产还要五到六个星期，包装花两个星期，装柜花一个星期，他们是这么来算的。他们以三四个月算一个电梯周期，我们是三四个星期。”（C19，中国人，42岁，男，生产部 & 生产计划部高级经理）

与德国同事长期合作的中方生产经理指出德国速度已经远远落后了，而且德国人的“固执”让他们对变革总是心怀抗拒。给中国公司带来难题的，还有德国公司差劲的服务意识。与中国公司永远将客户的需求放在第一位不同，德国人按部就班的工作方式导致他们反应速度缓慢。

> “很多时候他们的反应速度实在太慢了，一件事情告诉他是客户等着急用的，我们急用的，明天就要这个东西，它很简单，有些时候说我休假，休假没人理你，不好意思休假两个星期，这两个星期真的没人理了。我打电话给他们的头，他们说那个人在休假，我帮你看一下，查一下看怎么样，或者就告诉你，生产那边就是告诉他们要四个星期以后才有，就这样。”（C19，中国人，42岁，男，生产部 & 生产计划部高级经理）

饱受其害的中方生产经理不断尝试改变这种状况，用他自己的话来说就是“整天给他们洗脑”，改变德国同事认为太快做出来的产品必定质量不好的固有看法。这些努力已经取得了一定的效果。

> “他们现在也改不过来，但是有些改进，比方说本来一个订单过去本来他们是两周确认的，我现在逼他们要三天确认，他们现在改进的地

方是基本上能在两天之内确认过来。按照我的想法，我订单给你，你应该当天确认，哪里还需要两三天的事情。但我没办法，就给他们定了一个死的期限，三天时间。”（C18，中国人，53岁，男，客户服务部服务经理）

为了让德国人切身体会中国速度并“改造他们”，中国的生产经理还要求德国公司各部门的负责人定期到中国工厂参观，让他们现场感受生产的高效，并且跟随售后人员去工地观察中国员工如何面对客户，如何解决客户的投诉，因为在他看来，服务意识跟不上是德国公司的致命伤，不加以改进的话将被市场淘汰。

二、向中国同事再三确认

从技术发展的角度，中国公司与德国公司相比仍然稍显落后，因此集团决定在全球三家工厂使用统一的生产系统后，开发系统的任务便落到了德国公司的研发部门肩上，完成系统后三国的工程师们保持紧密的联系，相互交流工作中的进展和问题。部分德国的工程师还来到中国，协助这里的同事学习使用该系统。在此过程中，德国工程师也发现了双方交流中存在障碍。

“我觉得中国的同事经常会表示确认，说对的，但是到最后你会发现他们其实根本就没有听明白，在我看来语言是一个很大的问题。他们会表达自己的意见，而且他们的确有很多很好的想法。但是他们这种老是赞同别人的习惯可以说已经根深蒂固了。所以我到中国的第一天就是要解决一些其实本来已经安排好的事情，我来之前其实已经问过，到底准备好了没有，但最后发现其实并没有。”（D13，德国人，35岁，男，工程师）

当研究者追问语言是否唯一的原因时，接受访问的德国工程师有些迟疑：

“我不清楚这是不是因为文化的原因造成的，或者这是一种亚洲的方式。但是我和西班牙的同事都会有这种感觉。”（D13，德国人，35岁，男，工程师）

一些中国工程师在未真正理解的情况下却不主动追问，导致他们在工作中会出现一些失误，例如与欧洲的同事约定好开会，最后却没有准时出席，这给已经提前安排好时间的德国同事带来了困扰。针对这种情况，德国工程师也找到了解决的办法，即再三向中国同事确认信息是否已经传递到位。

> “如果已经对这种情况有所了解的话，我们会尝试避免，比方说重复去解释一件事情，或者用邮件的形式再次加以确认，虽然会耗费更多时间，但是是必要的措施。……如果我打电话的时候说完了，并没有得到太多的回应，我就会把事情再说一遍。”（D12，德国人，34 岁，男，机械制造工程师）

中德双方在合作中逐渐调整自己的工作方式，解决了工作中的实际困难，将中德两种工作方式中的优势结合起来，实现了最优效果。

第五节 小 结

纵观该公司二十多年来的发展史，就是一部德资企业在中国的适应史。公司在成立的前四年完成了从合资企业到独资企业的转变。在合资阶段，德方把注意力全部放在生产技术领域，将人事方面的决策权和与政府部门打交道的任务全权交到中方手中，导致员工薪金水平长期缺乏吸引力，对企业吸引人才造成了长久的负面影响，这是双方缺乏充分沟通造成的后果。

从生产到管理层人员的本土化，是公司适应中国市场迈出的第一步，对生产进行本土化改革的主要原因是进口产品的价格过高缺乏竞争力。对管理层进行大换血的部分原因是德国人由于语言不通造成的工作效率低下及高昂的人力成本，更重要的原因则是他们仅仅关注技术，无法适应业务发展的需要。本土化是一个缓慢而艰难的过程，但成效卓著，从三个方面促进了公司的发展：跟当地政府打交道多了，提高了国产比例，增加了低端的产品。这些改变都使得公司更加适应市场的需求。但公司在管理人员选择方面仍坚持让外籍华人把持公司的最高领导权，体现了对中国本土员工的不信任。

由于母公司的机构庞大，公司的机构多次发生变化，不可避免地对中国分公司的管理人员带来了新的挑战，公司内部的权力斗争造成了企业的内耗，也使得公司无法形成明确、统一的企业文化。尽管如此，我们从公司奖罚分明的管理制度可以看出企业对个人发展的重视，众多员工离开公司后的发展也证明了他们掌握了良好的沟通能力。此外对员工的培训也日益完善和规范。这些都体现了公司的管理在发展过程中既要适应外部环境即市场的具体要求，又要适应公司内部架构变革带来的新情况，双重的挑战对企业的发展来说既是压力也是动力。

我们认为，外资企业的适应不是单方面的。作为独资企业，中国分公司的管理必然深受德国总公司的影响，但成功完成外部和内部的适应后，它迅猛发展，工作效率超过了德国公司，通过双方的密切合作，中国公司也影响了德国公司的工作方式，带动德国的同事提高了工作效率，改进了服务意识。

总结而言，中国分公司的产品从水土不服到迅速发展，产品从几乎全靠进口到完全国产，完成了消化、吸收德国技术，逐步实现本土化的转变，并且在生产效率方面赶超了德国，拥有了更大的竞争力。对于中德两国的员工来说，他们之间的合作让彼此认识了对方的长处，德国员工的敬业让中国员工感到敬佩，中国员工的高效和服务精神则促使德国员工改进自己的工作方式。伴随着一个德资公司的成立，中德两种文化相互的碰撞注定会带来许多问题，但该公司的经验证明了中德两种文化之间的相互作用也可以带来积极的效果，而且这种影响是双向的，从公司的管理和员工的个人发展两个层面促进了中德双方的积极变化，实现了文化协同。

第三章

在华德资企业内部文化适应研究

纵向介绍具有代表性的一家公司的适应情况后，我们将对在华德资企业的文化适应进行横向的分析。按照扎根理论的原则对获得的一手资料进行逐级编码后，我们根据归纳的代码类属将企业的文化适应分为内部和外部两大方面。本章将从组织与等级、人力资源管理、沟通与交流和计划与监控四个方面详细描述德资企业的内部文化适应。

第一节　组织与等级

不管哪种性质的企业都是一个由不同人员和部门构成的组织，这个组织中的众多员工进行分工合作，从事生产经营活动。不同的企业有不同的组织结构，这里的组织结构是指企业组织各要素的排列组合方式，即企业各部门及各层次之间所建立的一种关系，是一种人与事和人与人之间的相互关系。[1] 企业的横向组织结构（horizontale Organisationsstruktur）决定了部门、人员、工作任务等要素的划分，纵向组织结构（vertikale Organisationsstruktur）则决定着在不同部门中任务和职责如何分配到不同的层级。下面我们将从职位分配和等级关系两个角度分别分析德资企业横向和纵向的组织结构特点。

一、职位分配

因为本书的研究对象是包括合资、独资在内的所有在华德资企业，它们的规模和经营范围各不相同，因此组织架构也存在很大的差异，既有仅有几名员工的销售代表处，数百名工人的工厂，也有部门齐全人数众多的大型企业。在我们调

1　俞文钊，贾咏，汪解，范津砚．合资企业的跨文化管理 [M]. 北京：人民教育出版社．2002：283

查的大部分企业中，都曾经或仍有德国管理人员的参与。部分企业由于发展的具体需要和中德管理文化的不同特点，逐步进行了管理人员的本土化改革。我们对重要管理岗位的人员分配进行分析比较，试图归纳德资企业横向组织结构的适应规律。

在外资企业中，由母公司的外派人员担任最高领导是常见的现象，德资企业也不例外。但在许多德资企业中，最早被派到中国担任 CEO 职位的德国人要么已接近退休年龄，要么因为种种原因无法长时间在中国工作，频繁地更换总经理导致了管理的混乱。还有少数企业的 CEO 虽然是德国人，但他们不长期在中国工作，同样无法有效地监管企业的运营。

> "公司的问题主要出在别的地方，比方说组织的问题，融入的问题，比方说中国公司跟德国的总部、跟其他的分公司都存在合作的问题，总的来说是管理的问题，在德语里面我们有个谚语说'猫不在家的时候，老鼠就在桌子上跳舞'，这里当时的情况就是这样。公司每年都更换好多个总经理，这种更换对公司没有好处，没有一个明确的发展脉络，德国总部对公司的发展也没有明确的规划，到底该怎么对这个公司，是要占领中国市场，还是保持小规模，要不要扩张。前一任的总经理，他不是全职在这里工作，这对公司的发展也很不利。"（D06，德国人，52 岁，男，总经理）

一方面外派人员带来的人力成本过高，另一方面他们语言不通，与中国员工沟通存在障碍，更重要的是他们不熟悉当地的文化，不了解中国市场的需求，尤其在与中国机构和客户等打交道的过程中出现了无法适应的情况。因此许多德资企业都逐渐对管理岗位的人选进行了调整，将与外界关系密切的部门如销售、商务等交到本土员工的手中。

> "然后公司就问我愿不愿意 2007 年开始负责整个技术部门，之前的话我只负责研发部，这是在 2007 年的年初。从那时起我就开始也负责研发、采购、生产、质量安全、供应链几个方面，同时有一个中国同事负责商务，例如财务、营销和销售。"（D04，德国人，54 岁，男，技术总经理）

尽管管理人员的本土化是外资企业在中国长期发展的必然趋势，但我们在调查中发现很多德资企业的技术部门仍然掌握在外方雇员手中，某些企业中技术部门是唯一由德国人负责的部门。我们对多个德资企业的调查，都证实了德国企业这种以技术和生产为导向的特点，这也是德资企业为客户提供高质量的产品和服务的保证。

> "广州地区德国人非常少。只有售后部门做技术的经理……技术这种核心的东西还是掌握在老外手上，不会完完全全交给中国人做。所以只有技术经理一个是德国人，其他都是中国人。"（C01，中国人，32岁，女，经销网络发展）

在许多合资企业中，中德双方的分工也让各自的优势得到了充分发挥。

> "我们部门的45个人，里面有两个经理，一个中方一个德方，我们公司基本上都是一个中方经理，一个德方经理，每个部门都是这样。他们的工作职责不一样，但没有正副之分。因为中方的股份是60%，德方是40%。所以决定权在中方，管理由中方在管。德方主要负责技术方面，中方负责财务人事等等方面。"（C17，中国人，23岁，女，翻译）

在许多德资企业对管理岗位进行本土化的过程之初，都出现了一种不容忽视的现象，即倾向于招募来自中国港台地区的人、来自亚洲其他国家的华人或已经取得德国国籍的华人担任管理层职务，主要的原因包括这类人更加具备语言优势，并且他们的多元文化背景使他们更容易与德国的管理者进行沟通。[1] 但公司对这一群体的另眼相看或多或少地造成了本地员工的不满，他们认为自己的发展空间受到了限制，这打击了本地员工的士气。随着高素质的本土员工越来越多，这种趋势正在改变，越来越多的本地员工得以凭借自己的实力进入德资企业的管理层，但长期在外企工作的经验仍是必不可少的。

---

1 Sillem, Ekkehart. Personalmarketing in China [A]. In: Dietz, Karin (Hrsg.). Marktstrategien Asien-Pazifik. Orientierung -Erfolgsfaktoren – Erfahrungsberichte. Wiesbaden: Betriebswirtschaftlicher Verlag Dr. Th. Gabler GmbH. 2001:221

本地管理人员的优势十分明显，他们掌握语言的优势，也更加了解中国的客户，与政府部门打交道时更加游刃有余。但如果缺乏与德国总部或德国客户交流的经验，他们也许无法顺利地开展工作。一位德国受访者的观点很好地总结了这种对比：

> “一个方面，雇用本地员工来做领导会有优势，从语言上他跟员工的沟通更加的流畅，人际关系会更密切。以我为例，如果下属之间有争执，即便他们已经在吵架了，我还是不知道到底发生了什么事情，或者他们也可以在背后取笑我，你看他今天打了一条奇怪的领带，或者说没打领带，他们很清楚我听不懂，这对我来说当然是个劣势。但我的优势是我知道德国的情况，我了解德国的那些管理层的小把戏，所以我就不会感到很无助，说我该怎么办。因为我已经有我的经验了，我会说不用把这个看得太严重。所以这是一个两难。”（D05，德国人，39岁，男，中国华南区总经理）

综上所述，在企业内部的职责分配中，管理层的本土化是一个不可阻挡的趋势，但在人选方面需要注意中德两方优势的结合，最理想的状态是选择对德国文化和母公司都有深入了解的本土员工。部分德国企业为员工提供到总公司工作一段时间的机会，再将其派回国内担任管理职务，这不失为一种理想的职业发展道路。

二、等级关系

德资企业的等级划分公开透明，许多大型企业中会使用等级代码来对管理人员和员工的等级进行明确的划分。等级与权限密切相关，例如决定了某个员工可支配的资金额度、可批准的项目规模、销售价格的浮动范围等等，此外等级也决定着其他资源配置，例如某些企业将经理分为几个等级，某一级别以上的经理会配备专门的翻译，部分企业的培训计划会清楚地说明要某一等级以上的员工才有资格参加。在需要进行价格复核的工作岗位，员工会得到备注有管理人员级别和权限的详细名单，方便他们根据需要联系上级。

许多关于中外文化差异的研究都会引用霍夫斯泰德（Hofstede）关于民族文化的六维度理论，按照霍氏的理论，中国文化的权力距离指数（Power Distance

Index）较高（得分为 80），而德国在这一维度得分较低（得分为 35）。[1] 权力距离大意味着等级顺序严格，上级与下级之间存在不平等；权力距离小则表现为每个人拥有同等的权力，等级只是为了便利而建立的不同角色。如前文所述，企业的纵向组织结构体现为不同层级之间的关系，我们将具体分析德资企业中上级对下级和下级对上级两个方向的关系构成，验证这一维度的区别是否真的存在于中德两国员工身上。

在访谈中，一位德国受访者描述了他第一次与中国同事聚餐的情况，当时参加的同事包括公司的中国总经理和其他部门主管，他注意到办公室秘书在餐馆等待大家的到来，可并没有参加聚餐，别人告知他这位女士并没有受到邀请。他用等级观念（Hierarchiedenken）来解释他无法理解的现象。

> “我觉得她也可以留下来一起吃饭，这是我的第一个想法，她也是团队的一员，办公室的一员，为什么不一起吃？不过当时我什么都没说，如果从我的角度她留下来完全没问题，为什么不呢？然后我马上想到，这也许是一种等级观念之类的。”（D01，德国人，47 岁，男，技术与保修服务部经理）

但是否能由此证明中国人的等级观念比德国人更强呢？分析获得的访谈资料后，我们发现德资企业中，中德管理者对等级观念的看法并无明显的差异，决定管理者与下属之间关系的是其他因素。

许多中方受访者都认为德国上司“比较没有架子”，但在追问产生这种印象的原因时，我们发现关键是德国管理人员处理问题的方式。一位德国受访者是这样理解自己的角色的：

> “我会把我的员工视为两个不同的角色，一个是员工，一个是人。我希望我的员工看我也是这样的，他们会说好这是我的老板，但同时他也是一个个体。当然不可能把两个角色绝对地分开，不可能说你们在办公室的时候是上司和下属的关系，而出了办公室又是好朋友了，这也不

1 Hofstede, Geert & Hofstede, Gert Jan & Minkov, Michael. Cultures and organizations: software of the mind: intercultural cooperation and its importance for survival [M]. New York: McGrawHill. 2010: 57-59

可能。但是作为上司的话，有的时候你不得不扮演一个不同的角色，我们之间不再是私人的关系。因为在工作当中我的任务是不一样的，并不是说我不会站在员工的角度去考虑，但是我希望他们能够理解的一点是，他也许可以想象，如果现在我是老板的话，我也会挺生气的，因为我的背后也有人在监管我的工作，他也会跟我说，唉，你看这里有点问题。我希望我的员工能够理解这一点，我试着用非常公开、非常直接的方式告诉我的员工，这里有问题。”（D06，德国人，52岁，男，总经理）

这位受访者提到，在德国同样有高高在上，从不向员工作出解释的管理人员，这种方式是他不能接受的。管理者坦率的态度，有利于拉近与下属之间的关系。德国管理人员较为直接的表达方式，往往令下属更加容易接受。

“有一个控制部的同事做的报告，改了三四次，还是令他不满意。因为当时是在年结、月结很急的情况下，他就说我坦白跟你说，我真的很不满意。你看他的神情，他不会是很凶的，不会说你赶紧给我做。而是说‘我坦白跟你说，我很不满意，我觉得你哪里哪里做得不够，我希望你能怎么怎么做，什么时候能给我什么’，他的态度和方式让人很容易接受，而且会觉得真的是自己做错了，自己应该去想一些补救的方法，会推动自己去做，而不是像某些老板用非常高压的态度。如果这样你会觉得很反抗，会觉得不是我的问题。他很绅士风度，会很温柔地让你把他接受下来，觉得我是不对的，我赶紧去做，这是他很厉害的地方。”（C11，中国人，25岁，女，商务专员）

影响企业内部层级关系的还有企业的规模，一家德国独资工厂的总经理认为工厂成立伊始自己与员工的关系更为密切，经常在工作之余一起度过快乐的休闲时光，但随着工厂规模的扩大，层级关系变得更为明确，这也影响了他处理与下属关系的方式。

“我觉得级别比较低的员工，他们更加容易敞开心扉去跟别人交往。如果我问我的员工要不要一起外出，他可能会说好，但是是因为他害怕我，所以的话我也不会问。我们有时候组织部门的聚餐，我的妻子管着行政部门，她会跟所有的部门主管一起去酒吧喝喝酒吃吃东西，他们会度过非常好的一段时光，而我一个人待在家里。第一，如果我去参加一个部门的活动，那我也得去参加其他部门的，这个我做不到，因为太花时间了。第二点，我不去对交流其实更有帮助，因为如果我也去的话，可能他们就会坐在那里，然后完全不说话，所以我得让他们自己来组织这些活动。"（D09，德国人，54 岁，男，董事长兼执行总监）

从我们的调查结果来看，无论是德国还是中国的领导者，都赞同明确的层级划分有利于企业的高效运作。

"我们有明确的等级，在每个公司里面都会有一个制度，我只会跟中层的干部沟通，因为我是属于上级的管理层，那么只会跟中层去沟通，由他们跟部门主管层去开会，然后主管层又跟工人开会，如果我插手到中间去的话，反而会造成不好的影响。我会看最后的结果，但是我不会在中间插手。如果他们不能告诉员工该怎么做的话，我为什么要雇用这些管理层呢？"（D09，德国人，54 岁，男，董事长兼执行总监）

对德资企业的中国和德国领导进行对比可以发现，国籍对管理者的等级观念并没有直接的影响，两国管理者都可能强调或淡化自己的权力地位。有员工表示，领导者的管理风格与他们的能力有关，能力越强的管理者越有自信，心胸也越开阔，不会用自己的级别赋予的权力限制下属的发展空间，甚至会鼓励下属越级表达自己的意见。员工对待上司的态度则取决于上级的管理风格，如果上级愿意倾听员工的意见，他们就愿意直接表达自己的看法，如果不同意上司的决定，他们会当面向上级反应，并尝试说服对方接受自己的观点。心胸比较狭隘、不愿意接受的上级则会让员工产生不信任感，对他们的工作态度带来负面影响。

"我曾经遇到过领导强行将别的同事工作分配给我。我提出异议的时候，领导当成是顶撞。具体情况是曾经有一个项目在局势不太稳定的地区，需要派负责的销售经理前往参加会议，但是他本人觉得不安全，拒绝办理签证。总经理就要求其他人办理签证代替他前往。大家都不愿意，但是他强行命令即使项目无关人员也做好准备。这件事情很不公平，我问总经理为什么无关人员要去而负责人不用去。总经理说我态度有问题，公开批评了我。但是这种事情经常发生，工作分配不均，稍微强硬的同事最终就可以推掉很多工作。这件事之后心理上会有一点顾忌。因为上级不公平，实际上是影响了信任。”（C25，中国人，37岁，女，董事会成员助理）

派尔–舍勒（Peill-Schoeller）在她的研究中指出中国员工在工作中遇到问题时倾向于向上级反映，而不愿意与同级别的同事沟通。她认为这种情况会影响两种文化的协同。[1] 我们在调查中也发现了相似的趋势。有些德国人刚到中国时不习惯这种工作方式，但他们会进行调整。

“比方说他刚刚来上任，德国人有时候不懂中国人喜欢迂回的这种方式，举一个很小的例子，车间里的安全门，德国人认为如果车间里面这个安全门不关闭的话，可能会有安全隐患。负责开门的生产管理部的安全科会说这个门要开着，经理会觉得你没有话事权，你要去找焊装车间的经理，来说明这件事情的必要性。德国人不知道怎么找对的人。来久了的德国人可能就知道直接找领导就行了。”（C17，中国人，23岁，女，翻译）

从受访者举出的很多具体例子中我们可以看出，同一级别员工之间的沟通并不一定是最有效的办法，保护自己的利益是人的天性，因此无论涉及的是中国还是德国的员工，由上级来做最后决策更加能够保障公司的利益，并且能够提高效率。一名中国受访者提到中方的销售人员为了满足客户急切的需求而需要德方工程师的配合，却并不一定能够通过直接的沟通达到效果：

“可能就需要一些内部的沟通，跟德国同事去解释这些情况，获得他们的理解，如果实在不行再去找他们的上司去谈这些事情。结果的话，因为每个人都有业绩的压力，通常来说他们的上司可能也会看到这个客户确实很重要，他可能也会跟他底下那些工程师讲一讲，然后提醒他们一下，看看以加班或什么样方式来处理这些问题。”（C06，中国人，34岁，女，南中国区大客户经理）

1 Peill-Schoeller, Patricia. Interkulturelles Management: Synergien in Joint Ventures zwischen China und deutschsprachigen Ländern [M]. Berlin, Heidelberg: Springer Verlag. 1994: 75

另一名受访者也有过类似的经历，直接沟通无法解决问题时他采用了迂回的办法，通过德国总部的干预达到了目的。

> “一个具体的例子是我跟我们中国区的（德国）项目经理吵起来了，德国曾经设计过一个东西，因为根据我们现有的经验是行不通的，明显是感觉不对的，我跟他讨论要不要改设计。他也不在现场，没有在工厂里面待过，他只是根据设计方案，让我照着那个设计做，搞得我后来没辙，现场的那些德国人也都没办法说服他，因为设计上面，有的时候他们也不想去改，多一事不如少一事，这一点跟咱们中国人也差不多。后来没辙，那就拖延，因为我跟我现在这几个老板都比较熟，认识十年了，大家都是在过来调试的时候在现场待过的，然后我请一个位置稍微比较高的人来说，他去跟总部负责生产的总监说这样不行，由上面一级绕了一个弯，又回到我们这里来，然后我们才把这个东西改过来。”（C04，中国人，30 岁，男，项目 & 机械经理）

从研究结果来看，德资企业中的中德双方管理者和员工并不存在权力距离方面的明显差异，影响管理风格的包括个人能力、企业规模等因素。在实际工作当中，通过上级协调下属之间的矛盾是更为有效的方法，因此明确的层级划分有利于提高工作的效率。由于中西文化在权力距离维度存在差异这一观点得到广泛传播，可能会导致部分德国管理人员的偏见，但如霍夫斯泰德对他的研究进行反思时提出的那样，对民族文化的定义不应造成刻板印象（stereotype）。[1]

第二节　人力资源管理

人力资源管理是现代化管理的重要组成部分，由于外资企业面临着母公司管理文化与本地员工文化背景之间的差异，因此人力资源的招募和使用面临着更加复杂的挑战。考夫曼（Kaufmann）等人对 50 名在华德资企业的管理者进行了调

1 Hofstede, Geert & Hofstede, Gert Jan & Minkov, Michael. Cultures and organizations: software of the mind: intercultural cooperation and its importance for survival [M]. New York: McGrawHill. 2010: 39

查，他们均任职于在中国业务发展良好的德国公司，其中93%的被访者认为人力资源管理是企业取得成功的最重要因素，比例远高于排在第二位的关系和网络（61%）。[1]本节我们将从招聘与提拔、培训、薪酬福利和奖惩制度几个方面分析在华德资企业的情况，总结德资企业的人力资源管理策略。

一、招聘与提拔

外资企业的外方员工多数为母公司外派人员，他们多半签订外派合同，在一定期限内担任领导岗位。相当一部分受访者是完成双轨制职业培训后进入企业的。这是德国特有的职业教育制度，其特点是年轻人一边在学校学习理论知识，一边在企业学习实际操作，企业与学校密切配合，共同负起培养学徒的责任。毕业后这些学徒既可留在本企业，也可到其他企业工作。[2]

根据进入企业的时间不同，德资企业的中国员工大多通过报纸、网络等公开渠道获悉企业的招聘信息，并通过常规的面试进入企业。相当一部分的企业在有职位空缺时，会首先将职位信息在企业内部公布，鼓励员工进行内部推荐，还有部分企业会设立奖励。

> “公司是鼓励我们做内部推荐的，有一个专门的奖励。如果你推荐一个中层以下的职位，员工如果最终被录用了而且过了试用期，推荐人可以得到之前是三千，现在是五千的奖励，如果推荐高层的，高管人员的话，这种奖励就更多。所以从政策上面也是鼓励员工去推荐的。”（C01，中国人，32岁，女，经销网络发展）

内部推荐能帮助企业节约时间和资金成本，更重要的原因是能够借助员工对候选人的了解更加有针对性地将招聘信息传递到合适的人那里。有员工将这种制度解读为企业对员工的信任：

> “就我所知，现在如果要从市场上招人，通过看简历和短短几十分钟的面试，其实对一个人不能够特别深入地了解。但如果通过员工，当

1 Kaufmann, Lutz & Panhans, Dirk & Poovan, Boney & Sobotka, Benedikt. China Champions. Wie deutsche Unternehmen den Standort China für ihre globale Strategie nutzen [M]. Wiesbaden: Betriebswirtschaftlicher Verlag Dr. Th. Gabler. 2005: 144

2 孙晓莹 . 德国职业教育对我国职业教育发展的启示 [J]. 教学研究 . 2006 年 , 第 29 卷（5）: 384

然你首先要信任这个员工，信任他的判断，信任他对这个职位的理解，他介绍进来的人可能会比你从招聘市场上招的人更加合适一些。”（C01，中国人，32岁，女，经销网络发展）

德资企业在招聘本地员工的过程中，也会遇到一些困难。招聘普通技术工人时，德国管理者感受到的最大困难是员工的技术水平达不到要求，包括工人的一些工作习惯也不符合德国企业的规范。但他们对此表示理解，认为德国工人经过了长时间的专门培训，而中国工人多半教育水平较低，也没有得到规范的职业培训。在生产型企业成立之初，德国管理者希望能够招聘到一批水平较高的技术人员，直接由德国总公司的技术骨干进行培训，将他们培养成为中国公司的核心技术团队，负责本地员工的指导，但应聘者的英语水平不高往往成为一大障碍。对英语水平的高要求还直接导致了人力资本的增加。

“当然对研发部后来的员工我们做好了准备做一些让步，但对于最早进入研发部的四个人来说，英语是必需的，因为他们是部门的核心力量。对于跟他们同时进入公司或晚点进入公司的总监来说，英语也是必需的。对这些高级领导层我们是不会降低要求的。这增加了招聘难度，同时也让工资水平提高了。”（D04，德国人，54岁，男，技术总经理）

为了找到符合资格的员工，尤其针对专业水平要求高的职位，德资企业多半聘用猎头公司来招揽人才，这也是外资企业常见的招聘手段。

特龙彭纳斯（Trompenaars）和汉普登-特纳（Hampden-Turner）在他们的研究中提出了归属导向文化（ascription-oriented culture）与业绩导向文化（achievement-oriented culture）两个概念。前者以年龄、阶级、性别等归类确定一个人的身份地位，后者则以成就为尺度给予社会身份。[1]这两位学者主要用这一划分解释成就身份和归属身份在不同类型的组织中的不同意义。许多研究者都认为由业绩决定身份是现代化经济与商业的必然组成部分。从我们的研究结果来看，德国企业的人事管理制度表现出明显的业绩导向倾向，即由员工的业绩来决定其职业发展的空间。此外还有许多员工指出德国企业非常重视员工的学历。一

1 Trompenaars, Fons and Hampden-Turner, Charles. Riding the Waves of Culture – Understanding Cultural Diversity in Business.. London: Nicholas Brealey Publishing Limited. 1998: 102-119

位受访者比较了他在荷兰、德国和中国的不同经验：

> “在荷兰又不一样，荷兰需要积累经验，证实你有能力，年龄多大和学历都无关紧要。举个例子，如果你做菜做得很棒，你在厨房里组织能力很强，你做的饭菜完美，总是又快又好，你真的很棒的话你就是主厨，不管你是18岁还是100岁都没关系。只要你有能力你就能做，你就是老板，荷兰是这样的。没有人会过问你的学历，重要的是结果。……在德国你必须出示你的证书，有学位才行。”（D01，德国人，47岁，男，技术与保修服务部经理）

德资企业的人事决策方式结合了业绩导向和归属导向，而归属和成就是任何一个社会和组织成员追求的目标，因此两者的共同作用有利促进员工的发展。

二、培训

德国企业的人力资源开发与管理的一大特色是它的职工培训制度，这一制度在德国企业已形成体系化、网络化特色。[1] 在华德资企业普遍都制定了完善的培训制度，在员工入职时为他们提供导入性培训，帮助他们了解公司各部门的运作，在职期间每年安排固定的培训项目，内容既有与工作密切相关的专业培训，也有时间管理、沟通技巧、外语、管理技巧等软技能的培训。

许多企业会根据每个员工的实际情况为其制定全年的培训计划，为员工提供一定时间或一定预算的培训课程。员工可以在一对一的会谈中与直属上司一起确定自己的计划，员工可以提出自己的愿望，上司则能够从大局出发，结合员工的个人发展与企业发展的需要提供建议。

许多德国员工到中国工作之前都会在德国先接受跨文化能力的相关培训，国际化程度高的企业还会提供专门关于中国的文化培训和语言课程，这有助于提高德国外派员工的跨文化敏感性，减少他们进入全新工作和生活环境前的担心，但这类培训一般内容较为空泛，大部分受访者认为他们还是必须在实际工作中摸索如何应对异文化带来的挑战。

> “这种培训课程的话，其实并不是一个保险措施，并不是说我上

1　吴冠峰．浅析德国人力资源开发管理的特色 [J]. 经济师．2001（11）：58-59

完了这些课，我现在就能理解中国人了，这是胡说。”（D05，德国人，39岁，男，中国华南区总经理）

需要注意的是，这类培训并不一定能给外派员工的适应带来正面的作用。在调查中，我们发现部分德方管理人员经常用“中国人就是这样”“这就是中国”等表达自己对某些现象的不满，这很有可能与他们的刻板印象有关。有学者分析了德国企业为派往中国的员工提供的跨文化培训，指出其中存在的常见问题一是仅对中国文化进行结论式的描述，否定个体的差异，二是培训内容无法与时俱进，不能反映中国社会变迁的最新情况。[1] 以偏概全的内容必定使培训的效果大打折扣，正如一位德国受访者总结的那样：

“我经过反复的尝试之后确定了一点，其实你怎么跟德国人、欧洲人打交道，也可以用相同的方式跟中国人打交道，因为人是各不相同的，有形形色色的人！那些在国外读过书的人，他们的行为可能根本不一样。我跟他们沟通完全没有问题，他们的思维方式跟我是一样的。当然也有很传统的中国人，他们的行为举止又完全不一样，在这两个极端之间，还有无数种的可能。”（D05，德国人，39岁，男，中国华南区总经理）

对于缺乏经验和跨文化能力不足的外派员工来说，一旦他们带着错误的刻板印象进入工作和生活的场景，会对他们的适应造成阻碍。因此强调文化的多样性，并不断对跨文化培训的内容进行更新至关重要。

总的来说，大部分受访者都表示德资企业对培训非常重视，这也成为德资企业吸引他们的重要原因之一。

“我们公司，不管是在德国还是在中国的公司，对我们的员工都非常有吸引力，其中的一个原因是我们会为员工提供很好的培训，……对于那些年轻的员工来说，只要他们好学，在这个公司里他们会发现有很多的学习的机会，包括专业的知识，包括管理的知识、好的培训项目、很好的培训师。”（D10，德国人，53岁，男，总裁）

1 Tang, Zailiang. Interkulturelle Qualifizierung von Expatriates für China [A]. In: Nippa, Michael (Hrsg.). Markterfolg in China. Erfahrungsberichte und Rahmenbedingungen. Berlin, Heidelberg: Springer Verlag. 2004: 137

三、薪酬福利

除了完善的培训制度外，德资企业的薪酬福利对中国员工也较有吸引力。许多企业在制定工资标准时会参考相关数据，例如购买专业机构提供的薪酬报告，部分企业会向员工公布这些数据，说明公司确定工资水平的标准。根据我们的调查，在不同规模的生产企业和服务企业，德资企业的工资都高于平均水平，此外员工工资每年有常规的增长，公司还会为员工提供国家规定的五险一金以外的保险、补贴等福利。这也提高了员工对企业的忠诚度。

> “因为我们这里的待遇比外面的工厂稍微待遇高一些，所以他们都比较珍惜这份工作。”（C15，中国人，35 岁，男，管理部主任）

在薪酬管理中，德资企业一般都实施保密制度，甚至有公司制定了处罚条例，严禁员工讨论彼此的收入。

> “工资肯定是保密的，理论上来说，如果问工资的话被公开知道，是要开除的，包括工人也是这样。”（C19，中国人，42 岁，男，生产部 & 生产计划部高级经理）

即使没有公司的明文规定，员工之间也会形成共识，不会打听彼此的收入情况。几乎所有员工都认为工资是一种隐私，认可公司的规定。

四、奖惩制度

许多德资企业都引入了绩效考核制度，比较常见的有关键指标体系（KPI: Key Performance Indicator）、平衡计分卡、作业成本法、经济增加值、六西格玛等。[1] 绩效考核标准一般由人力资源管理部门、部门领导和员工共同制定，这有助于发挥员工的主观能动性。德资企业重视用奖励来鼓舞员工，如果员工完成或超额完成指标即可获得奖金，这提高了员工的积极性。还有企业在生产、销售等部门设置内部的竞赛，对获奖者给予经济奖励，通过良性竞争提高员工的积极性。

---

1 郑乔．基于文化差异的在华德资企业人力资源绩效管理研究 [D]. 东北师范大学硕士学位论文．2016：21

与之相对的是，德资企业很少用惩罚措施来管理员工。一位主管人事的中国受访者的观点很有代表性：

> “另外一点就是一个价值观的差异。刚才已经有提到一点，已经有说到考勤不是我们工作重点，因为德国人是比较崇尚一种自由的工作氛围，我觉得我也比较认同这个价值观，但是我觉得还是需要建立我们的一个考勤制度的，你可以不要管得太严，但是你一定要有一套制度，说万一你迟到了，我该怎么样处理。我提出说完善这个考勤制度，在这个问题上，我就会觉得我跟德国人是有一定的价值观的差异。因为它……当然大部分中国公司的一个做法就是罚钱，迟到就是罚钱，这个很正常，但是从德国公司的角度来看，就觉得不会有罚钱这个说法的，肯定不能罚钱，只能想别的办法，那我们就说，OK如果不罚钱的话，那我们就建议他请年假，这样，譬如说，你迟到了一小时，我就建议你请两小时的一个年假，也算是一种小小的惩罚了，但是德国那边觉得这样也不行，他觉得年假是一个福利来的，不能说这样去克扣，所以我们就只好想别的办法了。譬如说如果你真的是经常有迟到行为，我们会给警告信，两个警告信会变成一个中度违纪，只能说通过这样的方法去做一些监控，但是当然我觉得这样还是会有漏洞，没有罚钱那么直接有效。所以像这方面的就会跟他有一点点的价值观的一个差异了。”（C07，中国人，27岁，女，人事经理）

正如这位受访者所言，大部分德资企业都遵从比较宽松的管理方式，例如对上下班时间的规定、考勤和休假的管理等，都采用较为灵活的管理方式。除了工厂的工人必须严格遵守上下班时间外，大部分办公室的管理人员都有一定的调整空间。例如第一天晚了两个小时下班，可以选择第二天晚两个小时上班，德国管理者认为如果员工严格遵守上下班时间，却无法完成工作内容，则毫无意义。但涉及生产安全的失误，则会执行较为严格的规定。

> “比方说打架那就直接解雇，这事没得谈的，没有人情可以说的。因为你既然定下这个规矩，不管你平时工作表现怎么样，打架了，我不管你是否由于情绪激动，因为这是公司的制度，因为你一旦拿东西，如果砸死人怎么办？这是危险很高的。”（C19，中国人，42岁，男，生产部&生产计划部高级经理）

"我们公司还从来没有出现过解雇员工的情况，也没有所谓惩罚，因为惩罚是不能促进你的工作的。要处罚的话，除非是犯了一些很严重的错误，比方说偷东西、欺骗等等，或者说在机场工作的时候违反了安全规则。"（D05，德国人，39岁，男，中国华南区总经理）

人力资源管理的决策和措施不仅仅涉及员工的行动，还影响着一个企业中员工的思想、意愿和感受。因此，它的功能远超纯粹的人事管理，体现了一个企业的管理理念，对企业的长远发展有重要的意义。[1] 在我们的调查中，许多员工都用"有人情味"来形容德资企业的管理，这种人情味体现在多个方面。

第一，德资企业愿意在员工个人发展方面投入成本，用高于平均水平的薪酬待遇吸引优秀的员工。

第二，企业重视员工的职业培训，这有利于员工的长远发展，也是德资企业留住优秀员工的一大法宝。

第三，企业的人力资源管理有明确的规章制度，并且会通过员工手册等形式让员工清楚地了解相关规定，帮助他们了解正确的行为准则。

第四，德资企业倾向于用奖励手段提高员工的工作热情和效率，对惩罚措施十分谨慎。

在德国企业中，一名雇员在同一家企业工作十年甚至二十年以上是很常见的情况，这也是许多在华德资企业追求的目标，有些企业会在招聘中向员工说明希望员工能够长期为公司服务。德国员工对企业的超高忠诚度对中国员工是一种良好的示范，配合合理的人力资源管理制度，德资企业对优秀人才有强大的吸引力。

第三节　沟通与交流

企业内部的沟通属于组织管理沟通，崔佳颖对组织管理沟通进行了如下的定义：社会组织及其管理者为了实现组织目标，在履行管理职责、实现管理职能

1　Kohl, Dirk & Löw, Markus. Der Mensch im Berufsleben – Kostenfaktor oder Erfolgsmotor? Strategisches Personalmanagement unter dem Einfluss der zunehmenden Globalisierung.[A]. In: Keuper, Frank & Schunk, Henrik A. (Hrsg.) Internationalisierung deutscher Unternehmen. Strategien, Instrumente und Konzepte für de Mittelstand. (2. Auflage). Wiesbaden: Gabler Verlag. 2011: 421

过程中，通过信号、媒介和渠道，有目的地交流观点、信息和情感的行为过程。[1] 按照这一定义，企业内部的沟通交流具有以下几个特点：首先，它是围绕企业的目标，为了完成具体任务和解决具体问题进行沟通的行为过程。其次，沟通的内容包括信息的交流和情感、观点的交流。再次，企业内部的沟通除了沟通双方的参与外，还需要中介体和媒介的参与。由于我们的研究对象是德资企业，因此还需要关注中德两种文化的差异对沟通产生的影响。

一、沟通渠道

按照企业内部沟通的方向，沟通可以按照沟通主体所属的部门和级别分为下行沟通、上行沟通、平行沟通和交叉沟通。下行沟通指上级向下级发布指示、命令、意见等，下行沟通则指下级向上级报告工作情况，提出建议、意见，或表达自己的意愿等。平行沟通指企业内部同一或不同部门之间成员的沟通，交叉沟通则指某部门的上层成员和另一部门的下层成员间的沟通行为。

（一）面对面的沟通——会议或会谈

在上下级的沟通方面，德资企业的管理者一般都表现出乐于倾听的态度。

> “如果对下属不满意的话，我会先自己了解是什么情况，试着去理解他为什么这么做，先了解事情的全貌。我从来不会马上采取行动，我不会马上把自己封闭起来，拒绝倾听，先认真考虑，每个行动都是有原因的。”（D01，德国人，47 岁，男，技术与保修服务部经理）

这一点从办公室的布置也看得出来，除了有重要的会谈或电话之外，几乎所有的管理者都会敞开办公室的大门，下属可以随时与上级进行沟通。我们在德资企业的办公地点进行调查时观察到，员工可以随时敲门进入经理、主管等的办公室进行工作汇报或请求指示。

> “我的办公室只要门是打开的，每个人都可以进来，当然如果我关上门的话你就不能进来，如果我的门打开的话，他们可以站在门口等我看见他们，不管他们有什么诉求，都可以直接来跟我说。”（D09，德国人，54 岁，男，董事长兼执行总监）

1　崔佳颖 . 组织的管理沟通研究 [D]. 首都经济贸易大学博士学位论文 . 2006：43

根据我们的调查，大部分德资企业都建立了保障各个级别间良好沟通的制度，其中最重要的沟通形式是召开会议。大部分企业都设立了不同级别的定期会议制度。

“我们这个工厂每一周有比较大的一次例会，比较长时间的例会，每天都会有10到15分钟到20分钟的那种站着开会，例会由我们的领导也就是厂长主持，下面一溜的平行主管，有事说事，没事就完。站着开会的原因是这样不会浪费时间，有事说事，尤其跟其他部门有关系的，每天每个人都在忙自己的部门的事，如果需要各个部门进行配合，需要在一起开个短会，比如说生产安排、工作上的安排，传达公司一些指导性指令，时间很短，但是可能很有效率，做得比较好。”（C04，中国人，30岁，男，项目&机械经理）

定期召开会议为上下级之间、不同部门之间的信息传递提供了平台。除定期会议之外，企业也会有临时性的会议，专门的时间管理系统如Outlook等软件能够帮助员工方便地完成召集、通知和提醒会议等功能。

“我们是用Outlook来管理的，如果谁要召集开会，就会通过邮件发一个邀请，给所有需要参加开会的人，那么提前15分钟电脑就会弹出一个提醒。提前多久发起这个会议是不一定的，有的时候是很急的。如果是普通会议，可能就是一个星期之前，大家都是通过电脑收到通知，包括跨国或者是整个中国地区的电话会议，也只是收到邮件通知。”（C09，中国人，29岁，女，中国华南区团队销售主管）

尽管有受访者抱怨外资企业的会议过多，但对于会议的内容安排，德资企业普遍体现了高效的特点。这对与会者也提出了更高的要求，中方的雇员往往需要在会议前进行充分的准备。

“我们会议很多，会议实际上是一个大家沟通的一个场所，一起沟通，因为不举行会议的话肯定不行，你说你的，他说他的搞不定，我们九点钟开会是在现场的，会议现场有问题现场立马解决。如果你解决不了，你下次换个人过来开会，你就别过来开。要求是这样子的。所以这个也是有压力的，你随随便便找个人过来，找个工程师过来记录一下，不好意思，你明天找其他人过来。现场的开会就是要解决问题的，不是来做记录的。这就是我们的一种管理文化。如果你解决不了问题，你来开什么会，哪有那么多时间，谁来记录，重复来重复去，要么解决，要么换人。”（C19，中国人，42岁，男，生产部＆生产计划部高级经理）

以解决问题为导向的会议一开始会给中国的员工带来困难，他们习惯了带着问题去参加会议，期待在会议上找到解决方案。这与德国人的工作方式不同，因此一些德国受访者会认为中国员工缺乏创造力。而长期与德国管理者的合作能磨炼中国员工的沟通能力，也推动他们主动寻找解决办法。

“德国人也是这样，他们需要……你就不要跟他谈空的。我记得有一次开会，我说了半天，他有一句话就把我给顶回去，就是他们做事的风格，‘你说了这么多，你想解决什么问题？’我说我现在提出问题，他说那你的解决方案呢？好了，你哑口无声，那时候我还年轻，我真的现在慢慢就老江湖了。包括这次做项目，负责这个项目的是中国区的生产总监，他的时间不多，不可能听你啰唆，就得把所有东西都准备好，预算、进度、现场问题、人员安排、供应商，就是所有问题，然后要分条理，先说什么东西重要，要先看看他的意思。把问题全部排在上面，他要我就拿出来，这样快很多，沟通的效率也高。”（C04，中国人，30岁，男，项目＆机械经理）

（二）通过媒介的沟通——邮件

在德资企业中，电子邮件是不同级别员工、不同部门之间进行沟通的重要方式。除了传递信息的基本功能之外，在不同的工作场景中，它还能起到不同的作用。

首先，作为一种书面媒体，邮件传递的信息具有收发邮件的双方认可的约束力。企业中大量的通知都是通过邮件发送，并不需要员工进行回复或签字确认，这不仅仅适用于德资企业，而是所有国际化企业通行的规范。

“我们现在的工作基本上都是用Outlook，每天的工作基本上都在上面，所有的工作，因为不同地方的、全球的人要一起工作就是用邮件，我觉得在外企邮件真的是第一重要的东西。你要做一件事情，别人同意了，怎么同意，他邮件给你说同意这件事就生效了，类似于我们中国的签字盖章，就生效了，这一点在所有的外企都是这样，不管在哪家公司都是这样，可能也因为是全球性的公司吧，大家要找到一种快的方式，邮件应该是最有效的。”（C03，中国人，33 岁，女，市场部主管）

其次，邮件的抄送功能在处理企业内部的交叉关系方面有着重要的作用。在与其他部门同级同事的沟通中，将邮件抄送给上一级领导是常用的做法，这可以让领导随时了解事情的进展，在发生问题时及时干预。

“争吵一般都是通过邮件发生的，在邮件里 A 这么说，B 说不行，C 又怎么说，不过他们都会用抄送功能，我觉得需要的话就要马上插手，避免浪费时间。”（D09，德国人，54 岁，男，董事长兼执行总监）

对于下属来说，将邮件抄送给自己的上司意味着告知其他同事这一决定或请求已经得到了上司的批准，对对方有一定的震慑力。多名受访者都举例说明了他们的这种处理方法。

“一般我要先跟我的老板说，如果他认为可以向总部寻求帮助的话，我们会看情况，如果需要做的，我会直接去问，但是相关的邮件会抄送给我的老板，他们看邮件就会知道这件事情哪一个级别已经知道了。”（C09，中国人，29 岁，女，中国华南区团队销售主管）

“项目要向我们的生产总监汇报，有些东西需要获得他的支持，但是又不能明说。他没办法所有的事情都管得很细。但是以我的职位可能又没办法搞定这些人，那只能发个邮件，直接发给当事人，然后再抄送我们老板，目前好像他们的做事风格都是这个样子。”（C04，中国人，30 岁，男，项目 & 机械经理）

第三，邮件的抄送功能在员工培训和工作交接中也扮演着重要的角色。一位德国受访者由于两个部门间工作的冲突，无法立即到中国任职，于是通过邮件提前从旁了解整个公司的运作情况。

> “我第一天上班就是在看邮件，我不在的期间的全部邮件，这些邮件我在德国就开始读了。邮件从 10 月份开始发送给我，我就开始读了，一切工作都是通过邮件开展。经销商向我们提出申请也是用邮件，抄送给我。回复经销商也是通过邮件，保修的申请也是通过邮件，抄送给我，所以我从 10 月份就开始参与整个运作了。虽然我是从 4 月才开始正式上任的，但我已经知道公司怎么运作了。”（D01，德国人，47 岁，男，技术与保修服务部经理）

在同部门同事的沟通中，抄送邮件有利于他们之间的工作交接。

> “像一些订单或者是一些比较重要的查询，一般都会 CC 给我，即使客户刚发过来的时候没有抄送给我，但我的同事觉得这个我需要知道，他回复给客户时候会抄送给我，我就知道有这么一回事，这样也方便。也方便后面的跟进，比如说这个同事跟了两三天之后，他休假的话或有什么事情，那我可以继续跟，或其他同事可以继续跟，不完全是说出于一种管理啊，只是为了更好地把工作做好。”（C05，中国人，34 岁，男，中国销售经理）

在新员工的培训中，抄送邮件也是一个重要的手段，尤其是涉及对外的沟通时。

> “把他们招进来之后，这个培训过程就是先大方向、大致的框架跟他们讲，然后就是实战的。我跟客户交流这些邮件全部抄送给他们，让他们知道要怎么去回复客户的那些查询，以及客户要打电话来怎么解释，怎么推销这些产品，要怎么跟客户讲。”（C05，中国人，34 岁，男，中国销售经理）

电子邮件是德资企业中最重要的书面沟通工具，与口头交流相比，它可以被长期保留，并具有权威性，在工作场景中被赋予了不同的社会功能。

二、工作语言

绝大部分外资企业都使用英语和中文作为主要工作语言，德资企业也不例外。在与德国管理者的沟通中，要求中方员工必须熟练地使用英语，在招聘过程中也会重点考查应聘者的英语水平。许多中方技术人员的英语水平无法达到要求，因此给企业的招聘造成困难。德国管理人员认为，即便在招聘条件中明确要求掌握英语，应聘者也往往无法毫无障碍地进行口头的沟通，“懂英语”和“会说英语”之间存在差异。尽管如此，德资企业不会降低对技术人员语言的要求，尤其对管理岗位更是如此。为了避免因为语言造成的沟通失误，德方的管理者会采用反复询问的方式确定中方员工是否已经理解，或者请他们再次复述自己的要求或意见。也有受访者提到可以用画图和指出实物的方式作为辅助手段。

> “我不断去问，反复地问，指给我看你说的是哪里，画图给我看。是的，我不断地用这个办法，任何情况下，只要能用这个方法，只要我觉得其他办法不可行或者这个办法能让问题变得简单，我总是用。这是进行沟通的最佳办法，如果用文字无法沟通，就画出来，指出来，这是最简单的。”（D01，德国人，47 岁，男，技术与保修服务部经理）

许多中国员工都认为用英语表达自己的观点较为困难，因此在参与讨论时有较大的心理压力，影响自己的表达。如果德方管理人员不懂英语需要通过翻译来进行沟通，则有可能因为翻译不准确造成误会，或者因翻译带有个人情绪而导致信息无法准确地传递。相比之下如果由懂中文的人担任领导，员工会感觉与他之间的距离更近，沟通也更加顺畅。

企业的管理文件一般有英语和中文两个版本，部分企业会有英语和德语两个版本。日常的邮件交流则以英语为主。一些企业会对此进行明确规定，即便没有明文的规定，中国员工也自行养成了用英语写邮件的习惯，包括他们与中国的同事或客户联系时也首选英语。用英语进行邮件沟通能够提高工作效率，特别是当邮件需要转发给不同部门的同事时。在与母公司的沟通中，偶然会出现用德语邮件联系的情况，这会影响工作效率，也有可能引起中方员工的不满。

> “也有这种情况，德国的一些同事他们的工作不是国际化的范畴，所以他们会用德语来写邮件，这样的情况当然会有点麻烦。对我来就很

麻烦，因为我要把这封邮件转发给下属的话，他们是看不懂的，所以我又得把它翻译成英语，要么我就得召开一个会议来向我的员工说明这件事情。”（D05，德国人，39岁，男，中国华南区总经理）

鉴于一部分受访者毕业于德语专业，所以我们特别考察了德语在德资企业中的使用情况。除去担任专职翻译的受访者外，德语在大部分德企中都不是求职的必备条件，无论在求职方面还是在日常工作中，懂得德语都不会给雇员带来特别的优势，良好的英语水平才是必备的条件。

“如果我现在有两个很好的候选人，其中一个会说德语，那么我会选择他，但前提是他的英语也很好，因为我们的工作语言毕竟是英语。”（D10，德国人，53岁，男，总裁）

尽管如此，德国管理者普遍认为学习德语的过程能够帮助员工了解德国文化，从而更好地了解公司的管理文化，有助于提升员工的表现。我们访问的其中一家企业，在管理人员的招聘中首选懂德语的候选人，即便他的专业水平稍有不足，仍然决定雇用他。这家企业还专门为员工开设了工作时间以内的德语课程，受到了员工的热烈欢迎。在课程中员工不仅仅能学习基础语言知识，还能了解中德文化的一些差异，例如两国人收到礼物时的不同反应，握手问候时的正确力度等等。来自德国的技术总经理和中国的人事总经理都认为语言是传递文化价值观的重要手段。

“语言类的培训我们可能是更看重一种价值观的传递，或者是公司内部文化的一个建立，因为我们是外资企业，还是希望员工能理解德资的一些价值观。”（C07，中国人，27岁，女，人事经理）

也有德国管理者指出，如果中国员工想获得到德国总部工作的机会，掌握德语是必不可少的前提。积累在总部工作的经验后，员工既能了解总部的经营理念和组织文化，又具备了解中国本地文化和语言的优势，对职业发展将有极大的帮助。

总体而言，德资企业普遍以英语作为最重要的工作语言，对中国员工的英语水平有较高要求。从招聘的情况来看，一般德资企业的招聘启事中会注明懂德语者优先，但大部分企业还是会首先考虑候选人的其他专业素质是否达到要求。

三、翻译的角色

在大型的生产企业中，德方和中方的技术人员之间有密切的合作和交流，而无论是中国还是德国的技术人员英语水平都相对欠缺，因此企业会雇用专门的翻译人员负责工作中的沟通。我们的访谈对象中有五位是德语专业毕业的学生，他们曾经或仍然在企业中担任专职的翻译，作者本人也经常会在企业或其他机构担任翻译工作。翻译人员在实际工作场景中担负着双向传递信息的重要责任，对中德双方交流中出现的问题也有切身体会，因此我们专门对翻译的角色和他们面临的挑战展开讨论。

克纳普（Knapp）在他的研究中总结了翻译参与跨文化沟通可能带来的问题：第一，翻译的语言水平、文化能力和专业知识不足可能造成沟通的障碍，而且交流双方可能意识不到信息的不对称。第二，为了对即将发生的冲突或误解进行干预，译员必须作为独立的参与者积极参与沟通，例如进行追问或加以解释，但由于年龄或社会地位的限制，译员可能无法获得独立的社会角色。第三，如果交流的双方不了解译员的工作方式，可能会无意识地为译员制造障碍，例如语速过快、语篇过长、使用译员不掌握的专业词汇等。[1] 从我们的调查来看，德资企业的翻译的确面临着多方面的挑战。

德资企业的专职翻译都是德语专业的毕业生，但即便是重视员工培训的大型企业，也不会为翻译提供专门的培训，而是让他们直接开始工作。因此没有专业知识储备的翻译人员需要投入大量的时间和精力去学习生产技术方面的专业知识，许多翻译都要牺牲自己的业余时间刻苦钻研，才能逐渐应付翻译过程出现的专业问题。

当中德双方意见不统一的时候，翻译往往处于一个尴尬的位置，尤其在双方情绪激动的情况下，翻译人员更是面临很大的压力。

> "有时候德方跟中方有矛盾的时候，你是个乒乓球。到底翻不翻好呢？中国人可能会说得比较难听，说你思想会不会转弯？然后说'翻译，你给我翻！'你该不该翻呢？"（C17，中国人，23岁，女，翻译）

1 Knapp, Karlfried. Interpersonale und interkulturelle Kommunikation [A]. In: Bergemann, Niels & Sourisseaux, Andreas L. J. (Hrsg.) Interkulturelles Management (dritte, vollständig überarbeitete und erweiterte Auflage). Berlin, Heidelberg: Springer Verlag. 2003: 123-125

有经验的译员往往选择用婉转的表达，因为他们认为交流的双方有共同的目标，直接翻译带有强烈情绪的对话只会激化矛盾，所以应该设法缓和气氛。

由于译员在工作中经常充当中德双方沟通的桥梁，因此中方雇员经常向翻译表达不满意见，尽管译员无法解决这些问题。出现这种情况的原因在于译员的职责不明确。

> “本来也不是我们的责任，但是因为我们在现场太久了，老是协调这个协调那个，所以他们都产生一个错觉，觉得有问题先找我们，找翻译。”（C22，中国人，25 岁，女，车间翻译 / 办公室助理）

要避免这种情况的出现，就必须由企业或上级主管向中德双方员工说明译员的职权范围，否则容易导致译员不必要的负担。同时译员遇到这种情况应该主动向投诉的员工说明自己无法帮助对方解决问题，避免造成误解。在与德方员工的交往中，译员也经常会被请求提供工作以外的帮助，如果毫无原则地应允，也会造成译员个人的负担，长此以往还会让德国管理者或员工形成错觉，认为这些都是理所当然的，因此友好地表明自己将工作与生活区分开来的态度是必要的。

由于通过翻译进行交流要耗费更多的时间，一些中方管理者不考虑翻译所需要的时间和理解方面可能出现的困难，也不给德国员工发言的机会，由此导致了双方的矛盾。

> “比方说开会，中方讨论的时候可能会讨论得很快，翻译可能没有时间翻译，或者是听不懂。翻译完德国人还没有时间回答，中方又继续讨论，这样就会引起一些矛盾。德方觉得你们不重视我的知情权，这是引起矛盾的一种情况。”（C17，中国人，23 岁，女，翻译）

担任翻译的员工也会因为自己的两难处境感到无助，他们觉得自己可有可无，认为中德双方在需要翻译的时候才会重视他们的存在，不需要的时候往往忽视翻译的作用。一位在大型企业担任翻译的受访者形象地总结了自己同时肩负的三个角色：

> “我理解的翻译有三个角色，第一个是秘书跟助理。第二个是翻译，包括口译和笔译。第三个是协调人，矛盾的协调人。”（C17，中国人，23 岁，女，翻译）

我们认为，专业译员由于只接受过语言方面的培训，缺乏实际工作中需要的专业技术知识，因此德资企业应当在刚入职阶段为译员安排必要的专业培训，帮助他们尽快掌握生产技术中的关键词汇。在日常工作中，译员经常起到矛盾润滑剂的作用，因此提供沟通技巧方面的培训也很有必要。此外必须明确译员的权责范围，译员本身也应树立明确的意识，避免造成工作和日常沟通中的误解。

四、书面语的重要性

学者叶剑如、郑立华指出，西方企业管理的重要特点之一是强调使用“书面语”。他们认为，西方企业使用书面语的管理模式一方面适应了工业大规模发展的要求，另一方面符合西方人倾向于逻辑思维的文化心理和思维方式。[1]

在调查中我们发现德资企业的规章制度都十分完善，并且以书面形式进行公开，具体形式可能是纸质版的员工手册，也有越来越多的企业会将电子版的制度文件放在企业的内部网站上供员工查询。在入职培训中会将这些信息告知新入职的员工。

在一家完全没有德国人参与日常管理的合资工厂中，我们也发现书面记录得到了广泛的运用：销售人员用书面文件的形式将订单信息发送给生产部门，老板如果决定要给予某个客户特殊的价格优惠，秘书会要求他签字确认。大型企业的相关规定更加具体，以会议记录为例：

> “每次开会都会有会议记录，会有专人负责，项目部的人自己要负责。因为是项目部牵头开这个会，项目部的小经理会在旁边做记录，格式是统一的。比方时间、日期、主题、现在的状况是怎么样。就像一个star，S是situation，T是task，A是action，R是result。你的状况是怎么样的？任务是什么？采取什么样的行动？期望达到什么样的结果？这个格式是统一的，每一次都要这样记。”（C11，中国人，25岁，女，商务专员）

在我们的访谈中，多名中方受访者提到德国人讲究“证据”，而要留下证据，就必须要有书面的记录。在中国员工看来，这在与德国人的交往中至关重要。

1　叶剑如，郑立华．企业中的书面语研究 [M]. 上海：外语教学与研究出版社．2013：122-123

> “如果通过邮件的方式讨论，邮件不会消失，都有留底。如果是口头讨论的方式，我会拿着讨论的稿打印出来去跟他讲，假如这个地方他说要这样做，我就会写上并让他在旁边给我写个确认。我不要他签名，但是他要写上我才去做。”（C03，中国人，33 岁，女，市场部主管）

郑立华深入调查法国企业后得出结论，中国人解决问题时倾向于选择口语这一较为富有人情味的交际方式，西方人则更偏向选择便于逻辑推理的书面语交际形式。[1] 从我们的调查来看，德资企业中的中国员工普遍养成了重视书面记录的意识和习惯。对于当事人来说，书面的确认是一种保护自己的措施，便于明确涉事人员的责任和义务。对于企业管理来说，书面记录可以有利于规范的管理，一旦出现问题，通过文件的追溯能够迅速发现原因，提高工作效率。

五、沟通风格

德资企业内部中德员工之间的沟通属于跨文化的沟通，因为两国员工在文化背景、语言习惯、思维方式、道德准则等方面都存在差异，势必给沟通带来一定的障碍。因此理解受到其他文化影响的沟通模式，对沟通的方式进行适当的调整，是成功实现沟通的必要手段。

许多德国管理者提到，一开始让他们感到困扰的是中国员工不习惯自己做决定，他们总是再次联系主管并要求他的支持和指示。这种差异可能导致误解：如果德国领导因为希望员工独立思考和工作拒绝提供指示，中国员工将怀疑这是因为老板不再信任他；德国人则反过来认为员工不愿意执行自己的指示。有学者认为在中国让下属尽可能多地承担责任并不能起到激励作用，而应该在项目期间为员工提供所有可能的帮助，随时回答他的问题，并由团队做决定。

是否敢于表达自己的想法可能直接影响德国领导者对员工的判断，因此中国员工需要适应德国管理者的工作方式，对自己的沟通风格进行调整。在中国员工眼中，德国人普遍愿意把自己的感受说出来，并且具有很强的思辨能力，这是一种值得学习的品质。

受到德国上司或同事的影响，德资企业中的中国员工也不再轻易向权威低

1 郑立华．“书面语”和“口头语”在企业中的使用及其文化差异 [J]. 法国研究．2002（1）：41

头，他们愿意说出自己的真实看法，并且据理力争。有受访者指出，一味地迁就德国人反而会失去他们的尊重。

> “进了这个公司之后，我知道我会坚持自己的看法，让我的上司采纳我的意见，不会因为他听不进去我就放弃。”（C09，中国人，29 岁，女，中国华南区团队销售主管）

> “包括我们现在对一些德国人，比如你要去推动他去做一些事情，或者你要反驳他的观点，你不能跟他说一定要这样做，这件事情非常重要，没有任何用，一定要找到一个点，就是我们说的 punching point，就是要一锤击中。比如他说我要这样做，你告诉他这样做不行，为什么不行，一定要有很充足的理由告诉他不行，你不能说就是不行，一定要有非常精确的理由。”（C03，中国人，33 岁，女，市场部主管）

不可否认的是，中国员工能在面对上级时借鉴德国人讲究“证据”的沟通方式，一个重要的前提是领导能对不同意见持宽容的态度。大部分德国管理层即便与下级有不同看法，也不会用“一言堂”的方式强行要求员工服从自己的决定。一旦证实员工的意见是正确的，他们会毫不犹豫地表示肯定。这种态度也影响了中国管理层，他们会充分尊重下属的意见。管理层开放的管理风格配合员工的各抒己见，保证了企业内部的沟通得以畅通无阻地实现。

尽管许多受访者都表示“就事论事”是德资企业中员工间相互沟通的基本原则，但“关系”其实在中德双方间的沟通中也扮演着重要的角色。长期在同一家公司工作的德国和中国员工，都会提到自己的关系网给工作带来的便利，在需要其他部门的配合时，关系的积极作用尤其明显。

> “其实在德国很多也靠关系，跟国内一样，你关系好别人就多帮你。在关系能到的地方，和国内没有什么不一样。你不用关系别人也不会不帮你，但是就是保持距离，你可能要等，有关系你得到回复就快一点之类的。”（C25，中国人，37 岁，女，董事会成员助理）

许多供西方管理者参考的“中国指南”类书籍都强调中国人重视等级观念，

追求和谐，因此常用委婉、低调、中庸等描述中国人的沟通方式。[1]在调查中，我们并没有在德国受访者的访谈中找到类似的描述，许多中国受访者却提到了他们找到了与德国人交流的“窍门”，这正是两国员工在沟通风格中相互适应的结果。

有研究表明，沟通的开放性、上下级关系、沟通风格等因素都对外资企业员工的组织沟通满意度和组织的绩效有影响。[2]德资企业的内部沟通既有符合外资企业普遍特点的方面，也有德国文化影响下的语言、沟通风格带来的特殊情况。沟通中出现的最主要问题是语言造成的障碍，要解决这一问题，需要中国员工不断提升自己的英语水平。在需要借助翻译的帮助时，虽然语言信息的传递得到了基本保证，但翻译的参与也会给沟通带来新的困难，为此需要为翻译人员提供专业的培训并明确其岗位职责。从沟通方式来看，多数中国员工会根据德国式的思维方式进行调整，这有效提升了内部沟通的效果。

第四节 计划与流程

整理访谈资料时，我们注意到“计划”“流程”等词频繁出现在受访者的描述中，重视计划与流程也符合我们对德国人处事风格的印象。本节我们将具体分析它们在德资企业管理中的体现。

一、计划及监控

我们根据制定计划的主体将德资企业的计划分为企业计划、团队计划和个人计划几类，它们的时效长短和涉及面各不相同。

（一）企业计划

马里克（Malik）和赫尔辛（Helsing）将企业的计划分为策略性计划（strategische Planung）和操作性计划（operative Planung）两类，计划过程可分为决策、实施和监控几个步骤。[3]许多德资企业每年都制定年度计划，即规定整个企业要完成

1 Ma, Xiaojuan & Becker, Florian. Business-Kultur in China. China-Expertise in Werten, Kultur und Kommunikation [M]. Wiesbaden: Springer Fachmedien. 2015: 25-31

2 严文华 . 20 世纪 80 年代以来国外组织沟通研究评价 [J]. 外国经济与管理 . 第 23 卷第 2 期 . 2001：15-20

3 Malik, F. & Helsing, S.. Planungsmanagement [A]. In: Hofmann, Michael & von Rosenstiel, Lutz (Hrsg.) Funktionale Managementlehre. Berlin, Heidelberg: Springer-Verlag. 1988: 178

的生产或销售目标，然后对计划进行逐层分解，确定各部门和个人要完成的任务，并且与个人的绩效挂钩，个人计划多半由员工与直属上司协商制定。

> “我们每年有一次目标的协定，正式的一个面对面的交流，确定下一年的计划。会谈一般是在3月份。2月份，我们就会确定今年要完成哪些任务，他们逐个地来跟我谈。当然到第二年的时候我们会做一个审查，这个体系都是跟奖金挂钩的。”（D07，德国人，35岁，男，总经理）

目标计划一般由量化的数据和工作表现两个方面构成，评估前者只需要进行简单的数字对比，后者则由直属上司进行评估。许多企业还会每月、每季度或每半年进行一次中期评估，以保证按照正确的方向开展业务。

员工超额完成任务能够得到奖金，如果完不成目标，也不会受到处罚。德国管理人员认为没有拿到奖金就已经是一种惩罚了。管理者更加注重的是分析无法完成目标任务的原因，市场变化等外部因素都被考虑在内，也会向员工提出相应的建议。

（二）团队计划

团队计划是指企业内某个部门或工作团队为了解决具体任务而制定的计划。许多德国主管认为在公司刚刚成立的阶段制定项目计划特别困难，主要原因是团队负责人和员工缺乏合作的经验，双方都无法正确估计执行计划所需要的时间和面临的困难。以某公司研发产品的计划为例，德方主管负责任务的分配和资源的整合，由于中方的团队成员不熟悉工作的流程，因此误以为自己能够按照建议的计划时间完成任务，最后由于大家都无法按时完成计划，再加上外部因素的影响，产品的开发以失败告终。

项目实施过程中的困难则主要是由中德双方不同的工作方式造成的。德国管理人员认为中国员工缺乏计划性，导致了许多问题。

> “举例来说，12月份的时候我们组织了一次公司旅行，然后我问大家已经计划好我们要去哪里了吗？没有，我们没有计划好，听到这个回答会让我很抓狂。又比如说我们在成都要开个经销商会议，我就问哪些经销商来参加？通知他们了吗？‘没有，反正我们还有时间’。这些都是经常出现的情况，他们会临时做决定，最后一刻做决定。去年我们也举办了一个经销商会议，去年签证管得很严，我就提前问他们时间都确

定好了吗？所有人的护照签证都没有问题吗？他们都说‘好了，完全没有问题’。之后发生了什么呢？我们那个会议必须延期，因为有人的签证没有下来。这不是我听来的故事，而是我的亲身经历。”（D04，德国人，54 岁，男，技术总经理）

因此有经验的德国管理者会明确计划的中间步骤，并随时加以监督，发现员工没有按照计划完成工作时提醒他们。中国员工被诟病的另一点是他们在执行计划过程中如果发现问题有时不愿主动进行反馈，因此主动地询问是有经验的德国管理者在监控计划实施中普遍采用的策略。他们会经常性地询问下属任务完成的情况，随时了解他们是否遇到困难。

“德国人他会来问你，第一个关口，你把什么准备好了没有。一二三四五六七八九十，检查检查检查，准备好了没有，第二个关口，你到什么程度了，一二三四五六七八九十，从头到尾检查，他就是这样。”（C12，中国人，33 岁，女，项目经理）

在中国员工看来，提前做计划也存在弊端，不利于根据实际情况及时调整工作进度，可能造成时间和资源的浪费。

“德国人相对比较严谨，从工作安排上更超前，更严谨，做起活来更认真更细致。很简单的一个例子，比方我们 10 月份要开一个会，基本上我们 5 月份就开始准备了。从我们这个角度来说，我们觉得太早了，因为 10 月份的会变来变去的，时间都浪费了。从 5 月份开始安排会议的议程，邀请谁来发言等等，比方说到 8 月份很有可能很多事情都变了，尤其是中国这边的情况变化太快了，很多时候这样就浪费了时间，但德国人喜欢这样，而且一步一步做得非常细。”（C21，中国人，47 岁，男，项目经理）

提前太久做计划的另一个弊端是无法应对瞬息万变的市场需求。

“我们的计划经常会被临时出现的事情打乱，主要是市场的变化太

> 快了，我们业务的增长率达到百分之二十、三十，所以德国企业必须要更灵活才能适应这种变化。”（C10，中国人，32 岁，男，工程渠道经理）

从上述例子可以看出，在处理实际工作任务时，提前多久做计划应该根据实际项目的各个要素是否可控来确定。如果一味强调计划性可能导致资源的浪费，不提前做好计划则可能导致无法完成任务。但需要提出的是，一旦制定好计划就必须按时完成每个步骤，这是许多中国员工不注意的，也违背了德国文化中高度重视守时的原则。一旦参与任务的个人不按时完成任务，会导致整个工作计划无法顺利实施。

（三）个人计划

德国人的计划性，还体现在他们对个人工作的安排上，很多德国人都会随身携带自己的日程表，用书面或电子的形式一一记录自己每天、甚至是每小时的行程安排。遇到要出差或参加其他商务活动，他们会提前数周安排好自己的工作。

德国人认为中国人不擅长提前做计划，例如他们在公众假期计划出游，但在一周之前还没确定好目的地和具体安排。但我们从访谈中了解到许多中国员工在工作中也养成了按周或按天做计划但习惯，并会用书面方式加以管理。

> “我不会做一个很正式的写出来的工作计划，但是我在班车上会考虑今天我做的第一件事情是什么，我会有一个小本子，我经常把一个小本子放在桌面上，如果有突发的事情，比如每个某个销售突然打电话跟我说什么事情，我就会一边说一边记下来，本子满了以后我就要开始做了，做一条画一条，如果是感叹号比较多的，我就会先做。不会非常正式，但是我会三言两语地记一些关键词，这个对我的帮助很大。”（C11，中国人，25 岁，女，商务专员）

很多中国员工都借鉴了德国文化中计划性强的优势，对自己的工作时间进行提前规划，最常见的是以天为单位安排工作内容。有些受访者表示自己已经把这种提前做计划的习惯运用到了工作之外的生活中。

从企业的层面来说，完善的计划为企业和员工树立了明确的目标，必要的监控有助于对企业的发展作出预估。中德员工对计划的不同习惯和理解会造成工作中的一些矛盾，但通过双方的调适，我们可以看到德资企业通过两种文化的相互借鉴和学习形成了更加适应中国文化背景下的计划管理方式：德国管理者在制定计划中将任务目标进行分解，通过中间步骤的监控保证计划的顺利实施；中国员工借鉴德国人时间管理方面的长处，提前规划自己的工作时间。

我们认为，要保证工作计划的有效性，应根据实际情况考虑计划的时效性，避免提前太长时间做计划导致最后无法实现，也要防止缺乏计划导致无法及时完成任务。

二、工作流程

按照达文波特（Davenport）的定义，业务流程是指为某一顾客或市场生产特定产品而设计的一系列有组织的标准活动，其重点是在组织内部如何完成一项任务。因而一个业务流程就是在一定时空内的一系列特定的工作活动，有开端和结尾，并且有严格界定的投入和产出，即生产活动的结构。[1] 德资企业管理中的一大特点是重视流程，这在大型企业尤为突出。许多员工刚进入公司的首要任务，就是了解公司各部门的流程，它贯穿生产、销售、管理的各个方面。大到新产品的研发、设计、生产等环节，小到出差的机票酒店报销，工作流程都有明确的相关规定。

一方面，完善的流程是公司管理体系成熟的表现，清晰的流程能够保证企业的各个业务环节有条不紊地向前推进。流程会对工作任务进行分解，指引员工按照规定逐步解决任务。

> “德国人更加重视过程，因为他把过程规定得非常细，非常清晰，非常详细，你按照这个过程往结果走。”（C12，中国人，33 岁，女，项目经理）

如果缺乏明确的工作流程，员工将无法清楚地了解自己的职责范围，感到无所适从，清晰的流程能够帮助员工快速地上手，在工作中有章可循，即使没有经验的员工也能够按照流程的指引完成任务。

> “公司每引进一个新产品都有一个流程，里面有很多的规定，在某

1 Davenport, Thomas H. Process innovation: reengineering work through information technology [M]. Boston, Massachusetts: Harvard Business School Press. 1993: 5

一个阶段你要找哪一个部门分析哪些事情，必须根据这个流程来走。公司也有书面的指引。德国公司流程管理这方面做得非常好，告诉你这件事情必须要怎样做，按什么样的流程做下去。中间比如到某一个点的时候你需要哪些部门哪些人的支持你才能走下去。一定要按这个流程做。它让不懂得项目的人也可以做下去，照着流程就可以做下去。相当于有一个指引图，指引图里有很多点，每个点要达到什么样的层级都非常清晰，这个层级里面包含了哪些具体的内容，都非常清晰。”（C12，中国人，33 岁，女，项目经理）

在生产环节，按照流程进行回溯能够精准地找到出问题的环节，提高排除障碍的效率。同时，明确的流程使得细致的分工成为可能，由于对各个部门的任务进行了明确分配，因此保证了部门之间的合作可以顺利展开，避免因权责不清造成互相推诿责任的情况。

但要注意的是过于复杂的流程也会造成不良影响。第一，流程为员工提供了清楚的指引，他们只需要按照流程开展工作，不必过多地考虑如何解决问题，在出现问题时不必承担责任，不利于发挥员工的主观能动性。用受访者的话来说，容易“养出懒人”。一位受访者比较了自己在美资企业和德资企业工作的经验，认为美资企业更加注重结果，不对完成目标的过程做过多限制，也不会在执行过程中对细节进行严格的把控，这要求员工自己去寻求解决问题的办法。而德国企业更加重视过程，并用流程严格限制了员工在每个步骤中应该采取哪些措施，因此员工不需要自己摸索解决的办法。

第二，对流程的过度依赖会导致工作效率低下。一旦流程出现了问题，会直接导致任务的失败。由于前期在制定流程时投入了大量的资源，因此企业对流程高度依赖，一旦需要对其进行修改又要耗费大量的时间。

“我想他可能觉得骄傲吧，就是你按照这个流程来走的话风险就是最小的啦，成功的可能性是很大的啦，但是我们实际在做的时候也会发现过程的不足，假如你发现这个第九个关口有什么不对，他规定的有什么不对，没办法，你只能继续往前走。但是你要向他提出来，这里不对，他会去改进，等到你做下一个的时候可能发现他已经改进了，但是这个你只能这样走了。”（C03，中国人，33 岁，女，市场部主管）

第三，由于企业内部分工细致，每个部门都按照自己的流程工作，并且认为自己部门的流程是正确的，不接纳其他部门的意见，给合作带来困难。

> “他们分工明确，负责现场的人就负责现场，负责设计的人就是负责设计，然后现场的人必须服从设计上的人，就是一级一级下来，每一个人都必须保证自己工作是正确的。如果现场负责人发现你的设计有问题，那要反馈上去。做反馈的时候，那要得到设计人员的认可，为什么这样设计在现场行不通，是很麻烦的。”（C04，中国人，30岁，男，项目 & 机械经理）

第四，由于流程复杂，公司的运作效率不高，无法根据市场的需求及时作出调整，以开发新产品为例，一名直接面对客户的受访者总结了德资企业与民营企业的区别：

> “跟以前在民营企业最大的不同是没那么自由了。民企的话老板说了算，在大公司条条框框更多。在我原来的公司比方我要开发个不在目录里的产品，只要打个电话给老板，他拍板就行了，现在就要走很多流程。这样的做法其实很不灵活，主要因为公司是以生产为导向的，生产部门控制着销售。要进行一点改动就要进行内部的协调，包括财务、生产、客服各个部门都要进行协调。”（C10，中国人，32岁，男，工程渠道经理）

在与母公司的合作中，对流程的严格控制还可能导致本来在公司内部就能解决的问题要经过母公司的审批，降低了工作的效率，这有可能使企业在竞争中处于不利的地位。

> “在北京的时候，有时候催一个方案半天弄不出来，要不是非得要德国做，北京同事一下子自己就做完了。要等德国是因为有流程的规定，因为设计方案必须从德国或者通过新加坡来出。我们做澄清的时候根据经验自己有答案或者会知道怎么回复中国人，但是也必须先问德国的意见。最后也是我们来修改发出去。”（C25，中国人，37岁，女，董事会成员助理）

按照霍夫斯泰德等人的研究，德国文化对不确定性的容忍度低，因此德资企业倾向通过正式的法律和非正式的规则来控制雇主和雇员的权利和义务。[1]我们的调查结果也体现了德资企业常常使用计划和流程等以树立规则为目标的管理手段。它们的长处在于能够为员工提供清晰的指引和设定明确的目标，使得企业内部明确的分工成为可能，并便于对工作的进展进行监控，出现问题时按照流程对过程进行回溯有助迅速地查找原因。根据中国员工的工作习惯，强调遵守流程的重要性能规范他们的工作步骤。但过于复杂的流程会导致工作效率低下和反应速度缓慢，影响各部门间的合作，也无法根据市场需求的变化对产品和生产作出快速调整，这在规模较大的企业中尤其明显。从我们的调查来看，本地化程度较高的德资企业较少受到流程管理带来的负面影响。

第五节　小　结

本章是对德资企业内部文化适应的横向描述，根据我们对调查资料的编码和分类，我们将内部文化适应分为组织与等级、人力资源管理、沟通与交流和计划与流程四个方面。

在企业领导岗位的分配方面，我们认为中德两国文化主导的管理方式各有利弊，德方管理人员普遍以技术为导向，重视生产和技术的改进，但外派员工高昂的费用和他们与中国员工沟通面临的困难不可忽视。因此在进行岗位配置时必须充分考虑人员的专长与岗位的特点。大部分的德资企业都呈现管理人员本地化的发展趋势，有效降低了企业的管理成本，将德国企业重视品质的生产理念与本土化的管理模式相结合，实现了企业效益的最大化。

德国企业内部等级的划分明晰，并且公开透明。我们的调查发现中德两国管理人员和员工对于企业内部等级的认知并无明显差异，上级的管理风格决定着员工是否以开放、积极的态度面对工作。在解决具体工作任务过程中，通过上级的干预调节不同员工和部门间的合作关系是较为有效的方法，效率高于员工之间的直接沟通。

1　Hofstede, Geert & Hofstede, Gert Jan & Minkov, Michael. Cultures and organizations: software of the mind: intercultural cooperation and its importance for survival [M]. New York: McGrawHill. 2010: 209

在人力资源管理方面，德资企业普遍采用较为宽松和富有人情味的措施，对中国员工有较大的吸引力。具体表现为提供高于平均水平的薪酬福利，企业内部也有完善的奖励制度，采用鼓励的手段提高员工的积极性而谨慎使用惩罚措施。人力资源管理方面最为突出的是德资企业完善的培训制度，培训内容包括专业技能和个人综合素质的提升，为员工的个人发展奠定了良好的基础。

德资企业内部为不同部门、不同级别间的沟通提供了通畅的渠道，其中会议是实现面对面沟通的最重要形式，几乎每个企业都有定期召开会议的制度。在书面的沟通中，电子邮件扮演着重要的角色，尤其它的抄送功能在超越单一级别或部门的业务往来中至关重要。

绝大部分德资企业的工作语言是英语，中国员工，尤其是技术人员的英语水平不足往往造成沟通的障碍。在德国雇员众多的大型企业中翻译人员对员工间的沟通必不可少，但他们的工作面临多方面的挑战，包括缺乏专业培训、重要性得不到交流双方认可等。受西方现代管理理念的影响，德资企业普遍重视书面语交际，因此中方员工也形成了用书面记录为沟通留下“证据”的意识。调查表明德资企业中方员工在沟通风格方面会受到德国思维方式的影响，学习思辨的方式和采取更为直接的态度，这有利于使企业内部沟通达到良好的效果。

计划性强是德资企业管理模式的共同特点，这体现在企业、团队和个人的工作计划三个方面，这也是中德文化差异较为突出的一点。制定完善的计划能够使企业的运作有章可循,但可能导致企业无法灵活应对市场和其他外部条件的变化。为了帮助中国员工贯彻执行企业计划，德国管理者将计划细分为多个中间步骤，加大监控的频率，而中国员工也意识到了提前做计划的好处。我们认为计划的时间跨度是决定计划能否提高工作效果的因素，由于中国文化的特点和外部条件不断变化，如果提前太久做计划会导致资源的浪费。

德资企业多半对工作流程进行了细致的规定，涉及企业管理的各个方面，它的优点在于能为员工提供明确的指引，并有利于进行细致的分工和促进各部门的合作。但过于复杂的流程不利于激发员工的主观能动性，也会限制企业内部和外部的灵活运作，降低工作效率。

综上所述，在华德资企业的内部管理体制呈现了德国管理方式与中国员工工作思维方式的有机结合，在组织管理、人力资源管理等方面发挥了德国管理理念的优势，影响了中国员工的工作方式。针对计划性强和流程过于复杂的问题，则需要根据中国市场的需求进行调整。

第四章

在华德资企业外部文化适应研究

德资企业在中国的经营生产活动受到中国政治因素、经济因素、社会因素的影响和制约，因此它们的经营理念和管理手段必须根据中国政治、经济和社会的发展不断进行调整。此外，德资企业与供货商、客户等合作伙伴的关系也对企业能否取得成功有着决定性的意义。本章将从营商环境和合作伙伴的关系两个方面分析在华德资企业的外部文化适应情况。

第一节　营商环境

按照徐晓峰的定义，营商环境是指“在投资的一定区域内对投资所要达到的目标产生有利和不利影响的外部条件”。[1] 吴建安的论文《中国外商直接投资环境研究》对外商投资的营商环境进行了全面的分析，将其分为经济因素、制度因素、基础设施因素与自然因素四个方面。[2] 对我们的调查资料进行编码分析后，我们发现企业所在地政府的政策和行为和不断变化的市场需求是影响德资企业外部适应的主要因素。

一、政府政策和行为

对外资企业来说，企业所在国家和地区法律制度的完善程度和政府的透明度直接影响着企业的经营成本和效果。改革开放以后，我国逐步出台了三部外商投资领域的法律，即 1979 年五届全国人大二次会议审议出台的《中外合资经营企业法》、1986 年六届全国人大四次会议审议出台的《外资企业法》和 1988 年七

1　徐晓峰 . 技术经济学 [M]. 北京：中国发展出版社 . 1996：5
2　吴建安 . 中国外商直接投资环境研究 [D]. 对外经济贸易大学硕士学位论文 . 2002

届全国人大一次会议审议出台的《中外合作经营企业法》，被称为“外资三法”。[1] 这三部法规作为外商投资领域的基础性法规，为外资企业的成立和运营提供了法律保障和指导，对促进外资的进入起到了重要作用。

（一）地方政府与官员的决定性作用

虽然国家为包括德资企业在内的外资企业开展经济活动提供了统一的指引，但由于地方政府在制定地方政策和执行法律法规方面有很大的自主权，因此德资企业的营商环境很大程度上受到地方政府执政能力和政府工作人员个人态度和能力的影响。在二十世纪九十年代初，中央关于成立外资企业的相关法规已经出台，地方政府却仍未落实实施细则，导致有意在中国成立独资公司的德国企业家感到无所适从。由于我们调查的许多企业都是在这一时期进入中国的，所以管理者对企业成立期间的回忆也真实地反映了当时的情况。

> “给我的感觉是在中国建立一家外企，虽然已经有相关的规定了，但是我们注意到地方政府部门并不知道怎么处理。要经历很多讨论，一直要写文件，要填表格。”（D08，德国人，61岁，男，董事长）

此外部分德国管理者认为当时政府部门存在一定的官僚作风，复杂的文书工作和烦琐的手续给企业造成了不必要的时间和资金成本的浪费。让德资企业头疼的还有当时政府部门的层级关系和分工不透明，遇到问题时互相推诿。

> “还有一个问题是每个人都有自己的看法，也就是说他们之间会互相推卸责任，要么你就找到说了算的人。否则的话，你如果是跟普通员工交涉的话，他们之间的说法不一致，如果一个人说我们这么办，那还远远不代表你真的可以解决问题，因为别的人又会说这样不行。”（D03，德国人，53岁，男，总裁）

一家德资工厂花费重金装修厂房后不久，被当地政府告知不能再继续租用原有场地，企业负责人多方周旋，最后发现并没有找到真正的负责人。对于讲求效率和精准的德国企业来说，这种情况让他们感到无计可施，打击了他们的信心。

由于我国经济正处于高速发展中，国家不断颁布新的政策法规，不同区域的

---

1 李小健．外商投资迎来新的春天——外商投资法草案提请初审 [J]. 中国人大．2019（02）：18

执行无法统一，这为德资企业带来了障碍。

> “在海关这一块的话，因为我们很多的企业都是要做出口的，所以海关对他们来说非常重要，比方他这次从深圳出口东西，深圳有这样的一个流程，但是下一次如果要从广州出口的话，可能会发现需要的材料完全不一样。那就会让人很迷惑，我在深圳明明就是这么办的。可能同一个法规有三种不同的解释。”（D05，德国人，39 岁，男，中国华南区总经理）

许多德国管理者认为，问题并非出在政府官员身上，而是由于具体政策由地方政府负责制定，在不明确中央具体意图的情况下，地方政府往往采取最简单的解决办法——说不行。辛茨乌斯（Zinzius）认为级别较低的政府工作人员不愿意做决策，一方面是由于担心错误决策导致自己“丢面子”，另一方面是害怕自己没有正确理解上级的意图，这与中国文化强调等级的传统有密切关系。[1] 从我们的调查来看，政府工作人员的工作方式对德国投资者的选择有直接影响。20 世纪 90 年代，一位德国企业家计划在某市成立自己的企业，当地政府部门某些工作人员不规范的工作方式给他留下了糟糕的印象。经过了多次失败的尝试后，最终让这位受访者下定决心在 G 镇建立工厂的是当地政府部门一位负责外资引进的女公务员，她的英语水平很好，并且始终秉持公正廉明的工作态度。

> “一切都按照规矩来，她对所有的东西都非常了解，比方说我们谈租金谈了 30 分钟就定下来了。所以我说我下一次来签合同。30 分钟之内所有一切细节都谈得清清楚楚，在办公时间，在办公室里。文件非常清楚，有一些文件是英语的，有一些是翻译，从中文翻译成英语的，但是里面所有的数据、情况说明都非常清楚，所以我完全没有疑问了，我确定不会产生其他的费用，所以我们就签订了合约。”（D09，德国人，54 岁，男，董事长兼执行总监）

可以说，这位政府工作人员凭借个人的沟通能力和工作态度为所在地区留住

1　Zinzius, Birgit. China-Handbuch für Manager. Kultur, Verhalten und Arbeiten im Reich der Mitte [M]. Berlin Heidelberg: Springer-Verlag. 2007: 127-129

了一家德资企业，创造了超过一千个就业岗位和可观的税收。这个例子很好地证明了政府官员工作能力和态度对德资企业投资意向的决定性作用。

早期部分德资企业会聘用中国员工来专门负责与政府部门打交道，这在制造业集中的珠三角部分市县最为常见。德资企业会雇用掌握庞大关系网络的本地人来担任管理职位，他们并不具体负责工厂的生产管理，而是专门代表工厂处理政府关系。但随着我国市场经济体制的不断完善和政府部门管理能力的不断提高，这样的角色已经逐渐消失，因为外资企业已经可以顺畅地通过正式的渠道反映各种诉求。也有部分德国管理者主动出击，与政府部门的工作人员建立关系，这能够让他们在遇到问题时借助中间人的帮助确定最佳解决途径。

除此以外，德资企业也设法寻找与政府部门沟通的官方渠道，主要手段是通过商会等机构与政府部门建立联系。以拥有 1600 多家会员的欧盟商会为例，它作为在华欧盟企业的独立官方代言机构得到了欧盟委员会和中国政府的一致认可，其重要任务之一是“为欧盟企业提供有效的沟通和游说渠道，积极加快中国市场开放和监管改革的发展”。[1] 欧盟商会定期与多个政府部门的主管召开正式会议，多半是与企业经营生产密切相关的部门如海关、边检、发改委等。会谈中并不讨论企业面对的具体问题，主要目的是搭建沟通的桥梁。

> “这些会谈的目的其实是向政府部门介绍我们这个机构的存在，让大家彼此认识。……上一次好像是跟广东海关的一次会谈，他们的表现非常好，他们马上就开始询问，有哪些东西是你们关注的？你们有哪些问题要解决？我们当时准备了一个清单，然后把清单交给他们，他们就说我们会安排人去跟进。我们提出能不能给我们安排一个联系人，他们也同意了，然后告诉我们有遇到问题的话可以跟这个人联系。他英语不错，所以解决问题很有效率。”（D05，德国人，39 岁，男，中国华南区总经理）

根据受访者的经验，与清楚政府内部运作的联系人沟通非常有效。在德资企业较为集中的大中城市，基础设施和制度环境都不断改善，对外资企业的吸引力不断提升，但法规模棱两可和执法自由裁量度过大仍旧被欧盟企业视为在华经营

1　中国欧盟商会 . 中国欧盟商会——欧盟企业在华的声音 [EB/OL]. http://www.europeanchamber.com.cn/en/publications-archive/170. 最后访问时间 [2019-02-21]

的两大挑战。[1]

值得强调的是，前面提到的这些问题都具有鲜明的时代特征，随着我国各级政府管理制度的不断完善和对公务员工作能力和态度要求的提高，政府部门工作中不规范的现象已经不断减少。改革开放 40 余年来我国外商投资服务体系建设取得的重大进展有目共睹，既有力地促进了外资持续稳定增长，又有效保护了外商投资合法权益。2019 年 3 月 15 日，第十三届全国人民代表大会第二次会议通过《中华人民共和国外商投资法》，确立了外商投资准入、促进、保护、管理等方面的基本制度框架和规则。[2] 从德资企业的长远发展来看，改进政府的管理效能、建设透明公开的信息和沟通制度是必要的条件，国家法律法规的不断完善为全面改善在华德资企业发展的政策环境提供了保障。

（二）新劳动法带来的挑战

继 1995 年推出首部《劳动法》后，我国从 2008 年 1 月 1 日开始推行《劳动合同法》，进一步扩大了劳动法的适用范围，对劳动合同的期限、试用期、违约金、裁员、劳务派遣等方面进行了明确的规定。[3] 一系列国内学者的研究表明，新劳动法的实施直接导致了企业劳动力成本的上升[4]，对德资企业也造成了一定的影响。从我们的调查来看，德资企业并未出现通过裁员等手段减少损失的情况。对于生产自动化程度高的大型企业来说，工人平均工资的提高会导致利润的减少，但仍在企业可承受的范围之内。但对于规模较小的工厂来说，工人工资的大幅增长带来了不小的经营压力。如果不按照平均工资水平提供报酬，则面临着工人的流失。

> “现在有每个月赚 3000 块的工人，然后也有赚 1500 的工人，他们之间会交流。如果说他知道工资更高的公司有机会的话，他就会离开，只有那些找不到工作的人才会做这个，接受 1500 的工资。所以工人的平均工资大幅地提高了。”（D10，德国人，53 岁，男，总裁）

尽管新劳动法的实施使得企业用工成本增加了，但重视守法经营的德资企业理解保障劳动者权益的根本原则，并严格执行相关规定。在追求利润的同时，德

1　何诗霏 . 中国欧盟商会：欧企在华有新挑战 [N]. 国际商报 . 2014 年 7 月 4 日 . 第 A07 版
2　中华人民共和国商务部 . 中国外商投资报告 2019[R]：146
3　唐军 . 迁徙《劳动合同法》新内容 [J]. 现代人才 . 2007（6）：20-27
4　王希 .《劳动合同法》的实施对企业用工成本的影响分析 [J]. 法制博览 . 2017（9 下）：166-167

国人会受到真正意义上的社会责任感的约束。[1]

杨政宇指出，政府在市场发育和企业发展中扮演着双重角色：一方面，政府提供的支持市场有效运转的公共治理安排促进了企业的价值发现和价值创造；另一方面，政府过多的介入会扭曲市场对资源的配置，导致寻租和官僚体制下的低效率。[2] 改革开放以来，从中央到各级地方政府都在不断努力，塑造法治化、国际化、便利化的良好营商环境、改善制度质量，推进面向竞争和市场化的改革，德资企业的管理者们也切身体会到了积极的变化。未来必须建立公开透明的沟通渠道，了解外资企业的困难，因地制宜地提供解决方案，才能保持对包括德资企业在内的外资企业的吸引力。

二、灵活应对市场需求

许多外资企业乘着改革开放的春风进入中国，一方面是看中了中国低廉的生产成本，另一方面中国市场的巨大空间是吸引德资企业在华经营的重要原因。随着中德两国政治、经济、文化交流日益频繁，会展、航空、咨询等服务行业的德资企业在中国发挥其竞争优势大展拳脚，制造业企业则借助其优质的产品和先进的技术在日益激烈的市场竞争中保持优势。按照布鲁恩（Bruhn）的定义，营销是企业的一种思维态度（Denkhaltung），企业遵照营销理念分析、规划、实施和控制相关的内部和外部业务活动，这些活动均以客户需求为导向，目标是实现企业面向市场的业务目标。[3]

文化差异对产品设计、市场定位、价格制定等营销领域都会产生影响。对于德资企业来说，要在中国销售其服务和产品，制定正确的营销策略至关重要。分析我们的调查资料后，我们发现德资企业遇到的问题主要集中在产品政策和价格政策两个方面。

（一）根据市场需求提供服务和产品

“德国制造”在全球市场都是高质量的代名词，德国制造业在全球制造业竞争力指数排名长期位居前三，发达的科技水平让德国在发明创造、技术创新、知识转化方面表现突出。进入中国的德资企业，也秉承着对产品和服务质量严格要

1 查卡姆．郑江淮，李鹏飞等译校．公司常青：英美法日德公司治理的比较 [M]. 北京：中国人民大学出版社．2006：9

2 杨政宇．制度环境对外资区域分布的影响：来自中国 120 个典型城市的证据 [J]. 北京工商大学学报（社会科学版）. 2015 年．第 30 卷（5）：43

3 Bruhn, Manfred. Marketing. Grundlagen für Studium und Praxis (11. Auflage) [M]. Wiesbaden: Springer Gabler. 2012: 14

求的经营理念。许多德资企业成立初期，都是以技术为导向，但随着市场的变化和竞争的不断加剧，不得不调整了战略，以市场为导向来经营企业。

> “这个过程里他们自己掌握了核心的技术，然后对技术这一块，在前几年还是非常重视。现在目前随着这种经济市场的变化，还是必须改变一些策略，就是说以前的是以技术为主，为导向，现在必须是改为市场为导向。”（C04，中国人，30岁，男，项目 & 机械经理）

经营战略的改变带来了多方面的调整，部分生产企业刚刚成立时把产品销售外包给代理公司，后期逐渐转为自己销售；部分企业增设了专门负责产品销售的部门；部分企业加大了对产品的宣传力度。在这个转变过程中，招募本地专业人才起到了关键作用。许多德资企业管理层的本土化过程中，首先交由中国管理者负责的就是销售部或市场部。

许多德国企业坚持采用进口材料生产，拒绝开发低端产品，但由于中德两国经济发展水平的差异，高端产品市场份额不足，给企业的经营造成困难。许多德资企业逐步进行了生产材料和生产过程的本地化改革，大大降低了生产成本，并逐步开发更加符合中国客户需求的产品。

> “还有专门制造刀具的车间，因为刀具是盾构机里的一个磨损件，消耗的很多。以前是直接从美国进口，现在在这里设了一个车间专门生产。”（C08，中国人，35岁，女，总经理秘书 / 人事行政经理）

由于中国市场巨大，对非定制化的产品也存在不同的需求，德国企业由于把重点放在生产流程等内部要素，因此对市场的需求变化不敏感，可能错失良机。此外企业流程过于复杂也可能导致无法灵活应对，满足客户的需求。

> “客户曾经提出过要改包装，我们直接就告诉客户不可能，压根也不会尝试去跟公司反映。因为改变包装设计要经过德国的审批，德国不可能了解我们本地的需求，不会因地制宜。”（C10，中国人，32岁，男，工程渠道经理）

我们在上一章讨论过德国企业对计划的重视，在面对市场时这种计划很有可能存在弊端。

> “对市场来说，一个产品可能提前两年就决定要做了，等你一门心思把它做出来，很有可能已经不适合市场了。……德国人讨论一个问题耗的时间太长了，经常一个邮件过了很久都没有回复，那就只能再发邮件去追，但这不是我个人可以控制的，只能说尽我的努力吧。”（C10，中国人，32岁，男，工程渠道经理）

面对瞬息万变的市场，中国人的灵活性是一个优点，尤其规模不大的民营企业往往能够按照市场需求迅速开发或调整产品，在这方面德资企业处于劣势，因此在灵活性与计划性之间找到平衡非常重要。

对产品的调整不仅仅涉及产品种类和参数，还需要考虑消费者的品味、颜色偏好、性别角色、符号和标志的特定含义以及中国社会的一般价值观，因此充分咨询中国同事的意见很有必要。

> “举个例子，比如说我们要做新的目录，德国打算在一种产品上印一个佛教观音的图像，这是我们一种反光材料产品，印上观音的图像可以看到反光的效果。然后德国同事就会问我，它放到这个目录上是否合适？推荐给客户的时候，他看到一个观音图像他们会怎么想，他们的反应会怎么样？德国同事会问我,你觉得是否合适呢,问我的想法怎么样？我告诉他我的想法，这方面他觉得我比较了解，应该听我的。他比较尊重我的想法，这也是相互的理解。”（C05，中国人，34岁，男，中国销售经理）

（二）服务态度的改进

在客户服务中，中国员工一般都遵循“客户就是上帝”的宗旨，迅速回复客户的咨询。许多德资企业由于权限或业务的要求，在回复客户时需要得到德国母公司的答复或批准，往往无法马上得到答复，导致反应速度大打折扣，引起客户的不满，这在销售环节尤其突出。

> “因为我们好多客户是香港的或内地的公司，大家都很习惯快，打样要很快，交货要很快，各方面回复都很快，他问我们的时候，特别是

这些信息要德国总部给出，我们没办法马上给出的时候，他等了好久还得不到回复，他就觉得你这家公司反应很慢，觉得没什么信心跟你做了，即使已经合作过一段时间的客户，看你要这么慢的话，也会有负面影响，在这种竞争这么激烈的全球市场，这样会给我们造成一些阻碍，就会成为一种劣势。”（C05，中国人，34岁，男，中国销售经理）

多名访谈者都提到了德国的同事一旦休假，就没有人跟进相关业务，这令许多中国雇员感到不满。按照中国员工的习惯，即便是在休假期间，他们也会随时关注客户发来的信息，随时准备解答问题。

“一个很简单的例子就是德国那边的假期很多，加上德国的员工还有一个比较长的个人休假，各种名目都说不清楚。我们这边有时候有些客户很着急，因为去德国需要办理签证，如果去展览会的话一定需要我们这边开的邀请函他们才可以去办签证，有时候这个时间他们怕来不及，就会找到我们要求德国那边确认一下可不可以给我开邀请函，但是可能这个时间刚好碰上他在休假，就只能等到休假之后，可能是一个星期，可能是两个星期。”（C02，中国人，23岁，女，项目主任）

这在德资企业是一个普遍存在的问题，因此德国总公司需要了解中国公司所面临的实际问题，通过合理的制度设置避免因沟通时间过长导致客户的不满。一位受访者提到，当等不到德国总公司的回复时，他会先向客户提供报价，如果最后发现报价低于总公司的规定，也可以在体系之内通过协商获得审批。这家企业充分信任员工的专业能力，适当放权，并且设立了完善的后续处理机制，不失为一个可以借鉴的解决方案。但是，要让德国总公司理解中国市场的需求并作出相应的改变，仍是一个艰巨的任务。

“德国的产品经理也会走访全球的销售部门，……他来的时候我们会尽量跟他沟通，希望让他感受到中国市场的状况，但回去后他的做法还是不会改变。客户经理走访客户的时候，客户也会提出产品不符合需要，寿命太短或者价格太昂贵，你会认为他已经得到了信息，但可能他回去后也无法影响他周围的人。不久前全球CEO过来跟客户一起吃饭，客户席间也提到公司的反应太慢了，他也承认是这样，但这就是公司的

企业文化了，很难改变。”（C10，中国人，32岁，男，工程渠道经理）

我们的调查发现，服务行业的德资企业会通过灵活的制度来避免时差带来的不便。

“如果德国是负责亚洲区的同事，他们除了圣诞这种大的节日以外，他们都会根据我们来做相应的调整。比如说他是负责中国区的话，那么他上班的时间会特别早，比方说他会早上5点钟上班，那么下午三四点就下班。时差对我们公司来说不是一个问题。”（C09，中国人，29岁，女，中国华南区团队销售主管）

此外他们在服务内容方面也更加灵活，以某航空公司为例，在接到重要客户希望能派专人接机的要求后，中国公司通过与总公司的沟通，免费提供了这一项在德国并不常见的VIP服务。

（三）定价策略

如何确定所提供产品和服务的价格对每个企业来说都至关重要，价格过高导致需求下降，生产空置，最终导致利润下降甚至亏损，过低的价格则可能引起竞争对手的反应，导致危及企业存亡的价格战。[1]尽管德资企业以优质的产品和服务著称，但其昂贵的价格往往使中国消费者难以承受。在我们的调查中，多名中国受访者提到德国人认为“便宜无好货”，因此许多德国管理者认为价格必须与产品相匹配，无论客户的订货量如何，也坚持不降价，这让中国客户感到不满，给销售带来了很大的障碍。在这一方面，中国的管理人员更加灵活，老板与客户的关系是否密切往往决定着客人是否需要支付定金或能获得什么样的优惠。

“有些客人会支付定金，有些则不会，这个取决于老板跟客人的关系怎么样。如果客人跟老板的关系很铁，就不需要付定金。……在我处理一张出口订单的过程当中，需要由老板来确认价格。因为是否以更加优惠的价格销售，或者是以什么样的优惠政策，比如拿多少货送多少，是要由老板决定的，如果客户要的量非常大的话，可能会有优惠，这些

1 Olbrich, Rainer & Battenfeld, Dirk. Preispolitik. Ein einführendes Lehr- und Übungsbuch (2., überarbeitete und erweiterte Auflage) [M]. Berlin, Heidelberg: Springer-Verlag. 2014: 3

要由老板来拍板。……如果有新客户来询价的话，我会去问老板，这个人是否是他的朋友？因为我发货也要负责收款，所以客户的付款情况要由老板说了算，如果他说这个客户不需要付定金，可以直接发货，那我就可以放心地让厂房来备货。（C13，中国人，29岁，女，总经理秘书）

按照中国人的消费习惯，折扣是商家吸引客户的重要手段。但在德国，小到买一个水果，大到购买一台设备，都没有讲价的空间，因此德国企业在提供报价时往往采用“一口价”的方式，这也与中国客户的习惯不相符。

“德国的展会价格是固定的，对于新展商来说是非常贵的，而且我们公司不打折，德国是没有折扣这种东西的。我们公司有不同的主办单位，照理价格在中国是很容易调控的，它可以通过别的途径把价格差补过来，但我们作为子公司就一定要卖这个昂贵的价格。另外一个展览公司的总经理也提到他每一年都要花很大的力气去跟德国总部解释，为什么中国会打折，会有折扣这个事情。”（C02，中国人，23岁，女，项目主任）

这种情况下，了解中德两国客户消费心理的差异对合理定价非常重要。一般来说，中国的管理者更了解本国消费者对厂家在价格上作出让步的心理预期，因此完全可以在初次报价时留出适当的降价空间。但对于无法理解这种文化差异的德国管理者来说，很容易因为错误的定价策略导致客户的流失。

穆勒（Müller）和盖布瑞希（Gelbrich）认为定价政策是最难以进行国际标准化的市场工具，因为价格受到包括文化在内的多种因素的影响。[1]因此在制定价格时必须考虑销售市场的特点，要提高中国客户的购买意愿，就必须在制定价格时将购买数量和销售额等列入考虑范围。为此德资企业应通过市场调研等手段全面了解客户的支付意愿，并在与客户深入沟通的基础上有针对性地使用辅助的营销手段以提高产品和服务的价格吸引力。

博世（Bosch）等学者在2003年撰写的文章中分析了中德组织文化基本导向的异同，对员工导向、客户导向、结果导向、技术导向等分别进行了评分，其中中国组织在客户导向方面的分数明显低于德国组织，作者认为造成这种差异的原

1　Müller, Stefan & Gelbrich, Katja. Interkulturelles Marketing. München: Vahlen. 2004: 819

因是中国长期处于计划经济指导下的卖方市场。[1]从我们的调查结果来看，这一判断已经与现在的情况严重不符，与德国企业相比，中国企业更加注重客户的需求，这不仅体现在产品和服务的内容方面，也反映在中德两国员工对待客户的态度上。为了适应中国市场不断变化的需求，德资企业必须对其提供的服务和产品进行调整，并且在制定价格时考虑中国客户的习惯。

第二节　合作伙伴

根据我们对访谈资料编码和归类的结果，影响在华德资企业外部适应的另一个重要因素是与合作伙伴的关系。许多德资企业是德国公司在中国的子公司或代表处，它们与母公司有着千丝万缕的联系，因此两者间的关系结构以及合作是否顺畅对中国分公司的运作有决定性影响。由于中德两国在商业行为习惯和伦理方面具有差异，因此能否与代理商、客户等中国合作伙伴建立良好的关系对德资企业同样至关重要。

一、与母公司的关系

霍尔特布鲁格（Holtbrügge）和普克（Puck）对大量在华德资企业进行调查后指出，对中国子公司的组织控制是德国母公司的核心组织任务之一，一方面母公司应通过使用适当的协调工具来控制子公司的自主程度，以保证子公司的决策与企业整体战略保持一致，另一方面又不能过分限制子公司的创新性和适应中国特定条件的能力。[2]与母公司保持密切合作的德资企业主要有以下几种情况：第一种是作为德国企业在中国的代表处设立的企业，一般仅有销售部门，负责德国公司产品在中国或周边地区的销售。第二种是包含生产、销售、售后等部门的德资企业子公司，德国母公司主要提供技术支持，如果中国公司需要向母公司采购产品或零件，则两者同时还是客户与供货商的关系。第三种是规模庞大并占有重要市场份额的大型跨国企业在中国或全球设立多个子公司，它们相互之间存在合

1 Bosch, A. & Reichenbach, T. & Schmidt, G.. Organisationskulturen in Deutschland und China: Typische Problemlagen [A]. In: Böhn, Dieter & Bosch, Aida & Haas, Hans-Dieter & Kühlmann, Torsten & Schmidt, Gert (Hrsg.). Deutsche Unternehmen in China. Märkte, Partner, Strategien. Wiesbaden: Springer Fachmedien Wiesbaden. 2003: 194-195

2 Holtbrügge, Dirk & Puck, Jonas F. Geschäftserfolg in China. Strategien für den größten Markt der Welt (Zweite, überarbeitete und erweiterte Auflage) [M]. Berlin, Heidelberg: Springer-Verlag. 2008: 164

作或竞争关系，由母公司进行协调。

菲布朗特（Fiebrandt）将在华德资企业母公司与子公司之间的关系分为三类：集中模式（zentralistisches Modell），即母公司的最高领导与当地的联系人共同管理子公司业务，待解决的任务被委托给母公司的专业部门处理，最后将结果发送到中国；标准模式（Standardmodell），即由德国的总经理领导子公司，通常是委派曾在母公司担任领导职务的人员前往当地，由他负责指导建立子公司的组织；分散模式（dezentrale Organisationsstruktur），在这种组织形式中子公司的第一和第二领导层都由外籍人士担任，信息交换直接发生在各部门之间，子公司负责人的主要角色是协调人，由他根据母公司的理念来管理子公司。[1] 我们调查的企业中，与母公司的关系最常见的是标准模式。

许多企业在中国实行了本土化的管理，因此德国管理者不再直接参与子公司的运作，总公司的功能不再是管理。根据对访谈资料的编码和归类结果，我们将在华德资企业与德国总公司或其他子公司的关系分为支持、协调、合作几类。

（一）母公司的支持

许多德资生产企业在启动阶段都高度依赖母公司的技术支持，尽管外派员工的人力资本普遍很高，但选派经验丰富的管理者才能保证德国企业的管理、产品和技术在子公司得以贯彻。此外德国公司经常派出大批经验丰富的工程师或技术工人，负责设备的安装、调试，对中国员工进行现场培训。部分企业也会把中国员工送到德国去接受技术培训。

企业开始独立生产后，德国母公司的管理者还会定期或不定期地到中国视察工作，一方面了解中国工厂的工作环境、生产流程、销售量等情况，也表示对子公司的关心和重视。对于子公司的员工来说，这是当面反映自己工作中需求的重要机会，许多员工认为虽然平时与总公司也通过邮件保持密切联系，但邮件沟通的效果远远不及面对面的交流。

> “很多时候设计会说，现在没有更先进的设计软件，只能手工算，可以要求总部提供更新的资源。生产可能提出生产线不够先进，无法更快地生产出变压器，这种当地无法解决的问题就会在会上提出来。还有研发新产品等等。我们会做一个会议记录，然后他们回去后会给一个回

1　Fiebrandt, Frank. Erfolgsfaktor Projektorganisation am Beispiel China [A]. In: Dietz, Karin (Hrsg.). Marktstrategien Asien-Pazifik. Orientierung – Erfolgsfaktoren – Erfahrungsberichte. Wiesbaden: Betriebswirtschaftlicher Verlag Dr. Th. Gabler GmbH. 2001: 152-156

馈。平时下面的生产部门遇到问题也有反馈的渠道，但是通过邮件的话没有面对面快。比如说老板听到这个请求，他的表情如何，你就知道他喜不喜欢这个提议，但是通过邮件你是看不出来的。所以面对面的交流非常重要。”（C11，中国人，25岁，女，商务专员）

在大型跨国企业中，母公司的资源对子公司的发展至关重要，外派管理人员往往已经在德国公司积累了丰富的经验和人脉资源，有助于与母公司进行良好的沟通。但随着许多企业管理层本土化的变革，子公司与母公司之间的沟通可能遇到瓶颈。凯普（Keuper）等人建议通过在德国和总部各指定一名专门协调员作为双方的联络人来消除沟通不畅的负面影响。协调员的主要任务是减轻双方管理的负担，其职权范围必须根据具体情况确定。母公司的协调员应该是跨部门的“中国通”，中国的协调员则可以通过明确的授权为子公司提供有效的支持。[1] 在我们的调查中并没有发现有德资企业为中德之间的沟通设置专门的职位，但的确有一些中国员工专门负责所有与德国相关的工作，甚至包括那些本不在他们职责范围内的业务。其原因有可能是他们在语言方面的优势，也有可能是他们与德国公司的同事比较熟悉或了解德国公司的业务流程。

“我本来不管采购部的，但是进口采购这一部分就没人管扔给我了。因为我比较熟，因为我在这里多年，跟德国人个人都比较熟吧。成立了采购部以后，本来这块任务应该交给采购部的，但是他们不接，采购经理也觉得这块有困难。老板也觉得别搞过去了，在行政架构上那块是在采购那边，但实际上业务都是我在管，因为没人管。”（C19，中国人，42岁，男，生产部 & 生产计划部高级经理）

子公司如果长期依赖母公司的技术支持，有可能造成中国员工缺乏自主解决问题的能力。一位德国管理者就表示了对中国员工遇到问题就马上向德国求助的担忧。

1 Keuper, Frank & Schunk, Henrik A. & Luu, Nha Thi. Internationalisierung deutscher kleiner und mittlerer Unternehmen in der VR China vor dem Hintergrund strategischer Erfolgsfaktoren und strategischer Erfolgspotenziale [A]. In: In: Keuper, Frank & Schunk, Henrik A. (Hrsg.) Internationalisierung deutscher Unternehmen. Strategien, Instrumente und Konzepte für de Mittelstand. (2. Auflage). Wiesbaden: Gabler Verlag. 2011: 286

> “比如说现在一个生产的实例，生产线上有一个仪器出问题了，整个线就不能运转，整个机器就不能运转了，简单的解决方法是把这个坏了的机器寄到德国去，让他们修。但是这边的员工就什么也学不到了。……他们会选择简单的方法，机器坏了，就直接给德国那边打电话，让他们修，或者问你们能不能派个人过来给我们培训。……研发部也是一样的，他们总是问德国有什么点子，当然我们可以咨询德国的建议，但在此之前他们必须要自己思考，这是所有部门都应该做的。”（D04，德国人，54 岁，男，技术总经理）

子公司的中国员工必须自己掌握技术、提高自身能力，才能实现企业的独立发展和不断进步。以上面的情况为例，把机器运回德国维修看起来是最有效率的做法，因为通过德国总公司的协助能够马上解决问题，恢复生产，节约了时间也减少了损失。但是下一次出现问题时，中国员工仍然不知道该如何修好设备。因此到底是由母公司提供协助，让员工有效地工作，还是耗费更多的时间让中国员工自己学习和摸索，并承担可能犯错带来的风险，需要平衡两者之间的关系。从长远来看，总公司的支持能够起到短期的效果，但是要耗费大量的人力资源和时间、金钱，因此帮助子公司实现独立运作才符合企业的长期目标。

（二）母公司的协调

大型的跨国企业可能因为业务的需要在中国或临近地区成立多家子公司，由于子公司的产品或市场有重合，因此母公司的重要功能之一是协调子公司之间的关系，这对于整合子公司的资源以实现利益的最大化至关重要。

> “从去年开始公司进行了一些整合，……按照一个业务范畴做纵向的整合，比如说把香港和广州公司、深圳公司相关的业务，比如家电产品的检测这一块业务进行资源共享和整合，就组成一条产品线，哪个公司的这块业务实力最强就以它为核心。”（C06，中国人，34 岁，女，南中国区大客户经理）

母公司在进行业务整合和协调的过程中，要给予子公司充分的决策空间，这样才能保证母公司的目标达成，同时也有利于子公司的发展。

由德国母公司进行业务协调的弊端在于母公司距离遥远，无法充分考虑子公司所处市场的情况，也无法充分发掘跨地区业务的潜力，容易导致决策错误。因此许多大型企业都设立了地区的总部（head office），它的主要职能是协调临近地区子公司的业务，承担战略和业务方面的领导工作。设立区域总部的关键优势在于它可以与子公司随时保持联系，了解本地的实际情况，迅速地作出判断和反应。母公司则可以将决策权委托给它，以保证最终的决策既符合当地的需求，又符合母公司的总目标。

以服务型企业为例，客户往往会同时向中国的几个子公司询价，导致资源的浪费，甚至间接造成子公司之间的业务竞争，因此通过区域总部对地区内的资源进行合理的整合很有必要。一种方式是由区域总部统一负责订单的分配，也有部分企业将协调业务的任务分配到各个子公司。

> “我们有中华区的董事会，我们也有整个大中华区的总经理，然后才是各个分支的总经理，我们之间有很密切的交流。同时每一个分支机构还兼顾着一个协调性的任务，比方说广州是负责采购和销售方面的协调工作的，我们之间会经常交流最新的发展。我们会把一些服务做一个工作的划分，并不是说各个机构分别负责这一块的服务项目，而是说某一个机构负责这一块服务之间的协调。”（D07，德国人，35 岁，男，总经理）

通过“地区总部”管理国际业务反映了企业先进的全球化水平。[1] 但值得注意的是，区域总部与分公司之间的等级关系如果设置不当，可能给子公司的运作带来极大的负面影响。从我们的调查结果来看，区域总部中央垂直式的管理模式会造成许多问题，问题尤其突出的模式是不在子公司设总经理职位，每个部门的经理直接向区域总部的总经理报告。

> “区域经理直接向总部网络发展部的总经理报告，现在区域办公室里会形成一种三足鼎立的（关系）。因为没有一个总经理在这里平衡三个部门的关系，都是直接向北京那边报告，所以很多时候没有一个力量可以平衡大家之间的一些利益冲突。……因为三个部门肯定会有利益冲突，每个人都把自己的那一亩三分田保护得很好，都不愿意把自己的资

1 von der Luhe, Detlef. Regional Headoffice als Brückenkopf für das Asiengeschäft [A]. In: Dietz, Karin (Hrsg.). Marktstrategien Asien-Pazifik. Orientierung – Erfolgsfaktoren – Erfahrungsberichte. Wiesbaden: Betriebswirtschaftlicher Verlag Dr. Th. Gabler GmbH. 2001: 148

料去跟别人分享，就觉得这是我的东西，我给了你怎么能显示出我的重要性呢？所以就使得一个公司彼此之间很多内部的信息都无法分享，彼此之间我不知道你在做什么。”（C01，中国人，32岁，女，经销网络发展）

如果不在子公司设立统筹各个部门工作的管理职位，会导致各部门间配合的困难，此外部门内部的信息不公开还会导致面对客户或代理商时无法统一信息渠道，影响企业的形象和业务开展。垂直管理带来的另一个弊端，是决策层不了解子公司运作的实际情况，无法迅速采取行动。

“比如说我们区域发现一个问题，想有下一步跟进的过程向北京反映，北京需要有一个做决定的过程来判断怎么样采取下一步的行动，然后今天这个部门来问一下，明天那个部门来问一下，在总部一个流程绕很多很多弯，最后回到我们这里说你们可以怎么怎么做，但可能这种情况早就已经过了，早就已经解决问题了。”（C01，中国人，32岁，女，经销网络发展）

子公司最了解当地的市场状况，因此总公司或区域总部在决策过程中必须充分重视子公司的参与，否则可能造成资源的浪费。受访者举的一个例子能很好地说明这种情况：不了解区域情况的总部管理人员在未经前期充分调研的情况下设计了违背市场需求的促销活动，并在全国加以推广，最后这个活动既得不到子公司员工的认可，也没有取得预期的效果。

一些德资公司成立之初受德国总公司的直接管理，后期由于业务发展的需要逐渐设立了亚太区总公司或中国区总公司，使得公司业务的汇报对象不断更改。在组织架构的改革过程中，一旦信息不透明或总公司的监管不到位，会直接导致企业的混乱，员工也无所适从。

“以前中国区的生产总监必须由负责亚太地区的生产总监任命，发生变化以后中国区设立了一个CEO，他负责销售、生产、财务、人力资源等全部事务。生产也归CEO管，他过来先把我们中国区的生产总监逼走，自己任命了一个生产总监，这个生产总监没有经过我们亚洲区域的生产总监的认可，所以就变得很有意思了。现在中国区的生产总监向那个中国区域的CEO负责，他也不能说不向我们亚洲区负责，但

是我们亚洲区的生产总监不理他。”（C04，中国人，30岁，男，项目&机械经理）

大部分中国员工认为总公司的架构调整虽然是必要的，但是频繁的结构和人事变动也造成了企业的内耗，加剧了权力的斗争。因此在调整的过程中必须保证信息的公开，并持续不断地与所有员工进行沟通，让他们了解企业的发展目标。

（三）与母公司的合作

德资企业与母公司的合作主要通过内部贸易实现，许多德资生产企业在实现独立运转后，仍需要向母公司采购一些产品或零件，成为母公司的客户。随着中国子公司竞争力的提升，也有部分子公司成为德国母公司的供货商。

在合作过程中，由于两国的工作习惯不同，可能会存在困难，因此沟通是否顺畅是决定合作效果的最主要因素。此外我们还注意到，子公司与母公司之间也会形成竞争关系。随着中国企业生产技术和效率的不断提升，产品质量已经达到了德国水平，在价格方面也更有优势，甚至对德国公司构成了威胁。

“当时要说服汉堡的同事把他们的知识教给中国或者亚洲不是一件容易的事情，因为他们其实还是希望把这些东西自己保留下来。当然后来是领导层的一个决定，虽然我个人并不这么认为，但是这可以说是一种普遍的态度。他们也不能理解公司的决策，因为如果同一个产品在三家工厂都同时生产的话，意味着我们的客户可以自由选择从哪里购买，这对我们的销量和价格也许会造成影响，这种考量其实不是从技术角度出发，而是从销售的角度。”（D13，德国人，35岁，男，工程师）

当我们向一位德国管理者提到许多中国员工都抱怨向德国总公司提出咨询却迟迟得不到答复时，他指出母公司员工的竞争意识可能是造成这种情况的原因之一。

“但也要理解，可能两个公司之间有某种竞争关系，我这边是总部，你那边是分公司，你想要我告诉你什么事情，我就让你先等一等。我的职位比你高，我才是老板，你那边就应该要听从我的安排，你对我来说没有那么重要，我们只是把你看作一个分公司的，大概是这样。”（D04，德国人，54岁，男，技术总经理）

综上所述，要在德国母公司与中国子公司之间建立良好的关系，要满足多方面的条件。首先要对母公司的资源进行合理的利用，既为子公司提供充分的支持，又要保证子公司获得长期独立发展的能力。其次要建立有效的沟通渠道，只有透明、顺畅的信息沟通才能避免误会，保证母公司的目标得到贯彻。最后要构建合理的组织结构，尽量避免频繁的人事或机构变化导致资源的消耗。

二、客户关系

与客户建立并保持良好的关系对企业的成败至关重要。布鲁恩指出，随着市场定位的不断变化，营销的内涵也不断扩大，已经从最初的促销工具发展成为一种涵盖整个价值创造过程的方法。他将当前的营销发展阶段定义为“网络导向的阶段”，其主要职能是创建和发展社会网络。[1] 对于德资企业来说，进入中国市场的时机和策略都非常重要。

对于外资企业来说，进入中国市场的最大困难是缺乏经验，难以成立自己的销售渠道和获取客户资源。部分中小型企业早期委托专门的销售公司负责产品的销售，利用销售公司经验丰富的销售团队、丰富的市场知识和完善的商业关系网络，企业无须投入大量资金便可开拓市场，树立品牌形象。这种形式的市场开发适用于仍处于国际化初期或主要从事项目运营的公司。[2] 业务稳定或销售规模扩大后，大部分企业会成立自己的销售部门。

从企业的组织结构来看，大部分企业都以成本或价格为出发点，按照研发、采购、生产和营销等不同职能成立功能性组织架构，这有利于成本管理和更好地利用规模经济。鉴于个人联系和关系在中国市场的特殊重要性，部分企业选用了分部结构，即根据产品或客户的对象进行任务的划分，这使得企业能够更加接近客户和合作伙伴，为企业的成功打下坚实的基础。

在德资企业中负责与客户直接联系的一般都是中国员工，因为他们与客户沟通没有语言的障碍，也更加了解客户的需求。但是作为企业的代表，德国的管理者也经常被邀请参加面对客户的活动。

“我到中国来的其中一个原因是展示德国，当我跟经销商或客户在

1　Bruhn, Manfred. Marketing. Grundlagen für Studium und Praxis (11. Auflage) [M]. Wiesbaden: Springer Gabler. 2012: 15-18

2　参见 Henties, Christoph. Markteintrittsstrategien: Aufbau von Vertriebsorganisationen [A]. In: Dietz, Karin & Harnischfeger-Ksoll, Magdalena (Hrsg.). Erfahrungen im China-Geschäft. Erfolgsfaktoren, Perspektiven und Denkanstöße. Wiesbaden: Springer Fachmedien. 1998: 75-82

> 一起的时候，或者面对律师的时候，即便我跟事情本身没有任何关系，我作为一个德国人出现，带着我的名片，这就有不一样的效果了。……有德国人在场的话，事情马上就不一样了。”（D01，德国人，47岁，男，技术与保修服务部经理）

根据作者的观察，许多德国管理者会在签署重要合同或与重要客户谈判时作为企业的代表出席，但他们并不负责前期的准备工作，仅需要出席活动以彰显企业对客户的重视。甚至在涉及技术的交涉中也有这种情况：一家德资企业销售给客户的设备出了故障，一位级别不高的技术工人被派到中国，和销售部门的中国员工一起前往拜访客户，但在解决问题的过程中，这名德国工人并不需要从技术方面提供任何协助，只在与客户的第一次会面中露面就完成了任务，后期关于维修设备的具体安排全部由中国的销售人员与客户协商。因此，德资企业中主管技术部门的德国管理人员经常也参与销售部门的活动，这也是他们乐意承担的任务。

在与客户交往的过程中，德国管理者也会遇到一些他们不能理解的情况。一位受访者提到，在德国推销产品的常见做法是主动拜访潜在客户，介绍产品的具体情况并了解对方期望的条件，例如更优惠的价格等。但作为中国公司的德国管理者，他在中国遇到了完全不一样的客户。他生动地描述了与一位代理商交往的过程：

> “我有一个很好的客户，他几乎不会说英语。我们是在一个展览上面认识的，下午3点钟左右他来找我，当时我们准备了一些餐点，有果汁，也有啤酒，我喝了果汁，因为下午3点我一般是不会喝酒的。他走过来，手里拿着两杯啤酒，然后递给我，跟我说干杯。我心里想，天哪，难道我下午就要开始喝酒了吗？好吧，我拿过来。然后他看着我，跟我说干杯干杯。然后我就把它喝下去了，对他微笑了一下，然后他说很好，就走开了，接着又拿了一杯过来。我绝望地看着我的同事，我的同事只是微笑着向我介绍说，这是某某先生。然后我又把第二杯喝掉了，然后想了个办法安抚他，让他不要再继续给我酒。其实我并没有跟他真正谈过话，一般这种具体的会谈都是由我的下属负责的。后来我每两三个月都会见到他一次，喝一两杯啤酒……自从我这么做之后，我们就成了朋友。在他的旅行社里面，我们的机票销量有了突飞猛进的增长。这对我

来说是全新的。”（D05，德国人，39岁，男，中国华南区总经理）

与客户发生冲突时，德国管理者和中国管理者的处理方法也不尽相同。某企业发现代理商存在违反规定廉价出售该公司产品的情况，按照德国总经理的看法，必须直接写信给这名代理商要求他停止这种行为。这在德国会被视为一张黄牌，如果是德国的代理商，会马上主动道歉，解释自己犯错的原因，并且保证马上改正。但这家企业的中国员工认为这是一位重要的客户，因此不能直接指出对方的错误，必须用婉转的方式提醒对方注意。最后中国员工写了一封措辞非常婉转的信件，并且没有直接把事情说开。在德国总经理看来，这是一种非常消极的解决办法，没有从代理商那里得到合理的解释也让他非常不满，但最终他还是接受了中国员工的建议。

“这也符合欧洲人所理解的跟亚洲人相处的时候要注意的原则。这个原则基本上还是符合现实的，这种要维护面子、要给别人面子的情况，这是很重要的。在两种文化当中，它的意义不一样。当然现在的话可能这种维护面子也变得不那么重要了，但还是比欧洲间接一点。”（D10，德国人，53岁，男，总裁）

许多关于中国文化的西方论著中，都把“关系”和“面子”视为中国文化中特别重要的概念。对于德国管理者来说，在与客户的交往中如何适应中国人思维方式和行为习惯、做出正确的应对是一道难题，因此在决策过程中应该充分考虑中国员工的建议。

随着我国对外交流的增多，年轻一代在工作中更加以目标为导向，这也与受访者的印象一致：

“与此同时我也有一些非常专业的客户，他们自己在晚上也不会喝酒，他们只喝茶，因为他们要工作，想要提高销量，他们也不会闲聊（small talk），只是简单地说你好，最近怎么样，然后就像欧洲人一样直奔主题，说你看这些数字，然后123，下一步怎么样，他们就跟教科书上说的那种中国人不太一样，要维护面子，要平衡关系等等，他们目标非常明确，就事论事。”（D05，德国人，39岁，男，中国华南区总经理）

在具体的销售活动中，由于中德两国员工价值观、思维方式的差异，对与客户的合作、冲突等有不同的态度和处理方式，这种情况下不能照搬德国模式，正如一位受访者总结的那样："我要在中国市场取得成功，就必须适应。"

第三节　小　结

本章我们从营商环境和与合作伙伴的关系两个方面分析了在华德资企业的外部文化适应情况。

我们在调查中发现，中国政府的政策和行为是影响德资企业外部适应的重要因素之一。政府部门职能分工不明晰会给德资企业的经营造成阻碍，新政策和法规的实施也会带来一些挑战，要解决这些问题依赖两方的共同努力：我国政府，尤其是地方政府应该提高行政能力，做到政务公开透明；德国企业也应该主动出击，建立和利用各种与相关部门沟通的渠道。

尽管德国的产品和服务具备优质、可靠、高科技等优势，但要在市场上保持竞争力，仍需要在产品的营销中考虑中国市场的特点，包括提供符合中国市场需求的产品和服务，改进服务态度以及采用合理的定价策略。营销方面的适应不仅涉及产品的内容，也涉及员工的态度，这方面中德两国的员工可以相互借鉴。

影响德资企业外部适应的主要合作伙伴包括母公司和客户。母公司的支持、协调和合作对在华德资企业的成功运作非常重要。其准则是既要保证子公司的决策与母公司目标保持一致，又要帮助子公司尽快实现独立运营并发挥其创新性，以找到适合当地外部条件的独特道路。

语言、思维方式、工作习惯等方面的文化差异决定了中国员工与德国管理者相比更加容易胜任与客户相关的工作任务。尽管如此，德国员工作为企业的形象代表参与重要的沟通和活动有利于塑造企业和产品的国际化形象，能够取得良好的推广效果。在与客户的交往中，要充分考虑中国文化中一些特殊现象带来的影响，充分听取中国员工的意见，以防止照搬德国的处理方法而造成不良的后果。

总的来说，有竞争力的产品、让客户满意的服务，与母公司的良好合作，稳固的客户关系，成功实现这些外部适应才能使德资企业在竞争中立于不败之地。

下　篇

在华德资企业文化协同的影响因素分析

第五章 文化因素

文化作为价值观和行为标准为社会成员提供指引，帮助他们理解周围的环境，协调彼此的关系，评判自己和他人的行为。来自中德两国的企业员工，其思维和行为方式都受到本国文化的影响。中德两国在地理位置、语言、历史、风俗、政治制度等方方面面都有很大的差异，决定着两种文化的价值取向存在明显差异，因此它们的碰撞势必会导致冲突的产生。对于德资企业来说，如何消除矛盾并利用文化差异带来的协同潜力，是保证跨文化管理取得更大效益的关键。本章我们将根据德国心理学家托马斯（Thomas）提出的文化标准理论对影响德资企业文化协同的文化因素进行分析。

第一节 价值取向

语言学家胡文仲认为，价值观与交际是支配和反应的关系。价值观决定人们如何进行交际，无论是语言交际、非语言交际或社会交往，无一不受到价值观的支配。同时交际也反映人们的价值观念。[1]根据我们的调查，中德两国文化差异对价值观的影响主要体现在两个方面，即德国文化注重以事实为导向，中国文化以关系为导向，此外中德两国员工对于个人社会身份的定位也存在较大差异。

一、事务导向与关系导向

以事务为导向是德国文化的特征之一，这在工作领域尤其明显。在与他人合作的过程中，德国人最为关注的是手头的任务以及合作者所担当的角色和能力。就事论事的工作行为具体表现为以目标为导向采取行动，在进行谈判时以事实为

1 胡文仲．跨文化交际学 [M]. 北京：外语教学与研究出版社．1999：166

根据，总是做好充分的准备并“直奔主题”，此外重视书面记录。许多中国受访者都会用“细致”和“严谨”来形容德国上司或同事的工作态度，他们对细节的要求近乎严苛，甚至连邮件里的标点符号都要逐个检查，就是这种对自己和他人的严格要求才使得企业的良好运作得到保证。

高度的专业水平是德国人为之奋斗的目标，这使得德国人在需要特殊技能的领域享有良好的声誉，在许多其他国家的人眼中德国人都是能够胜任自己工作的杰出专家。此外德国企业非常重视员工的专业水平，例如学历是担任重要职务的必要条件。多名德国受访者都提到，在德国学历证书是职业发展的基础，经验和年龄并非决定性因素，而在中国年纪大的人反而可能在职业发展中处于不利地位。

事务导向也体现在德国上司的管理风格中，他们与员工的对话和互动仅限于工作范畴。就事论事的工作态度让德国的员工可以坦率地表达自己的意见，即便在工作中因为意见不同而发生争执，也不会影响同事之间的个人关系。

以事务为导向的价值观在工作范畴中带来的优势显而易见：对工作任务的专注使企业的工作效率得到保证，对专业水平的严格要求有助于提高企业的服务和产品质量，就事论事的工作态度保障了企业上下级和同级员工之间坦诚高效的交流和沟通。根据我们的调查，德资企业的中国员工多数能够按照事务导向的标准处理自己的工作任务，以专业的态度处理工作中出现的冲突和矛盾。这在对德国文化比较熟悉的员工身上尤其明显，他们在与上司、同事和客户的合作中不会掺杂自己的感情色彩，进行商务会谈时开门见山，注重细节等等。

值得注意的是，德国员工对自己专业水平的自信也会导致错误的判断。一些中国员工提到德国人在涉及技术的领域不愿意听取中国同事的意见，先入为主地认为他们的专业水平不足，但他们自己的判断不一定正确。此外事务导向的管理风格虽然让员工清楚地了解自己的工作任务和界限，但同时也让他们与企业保持一定的距离。德国员工指出德国企业无法给员工提供足够的自由空间，员工与上司的关系也不会超越工作范畴。

事务导向的影响还体现在同事之间的关系上。德国人严格区分自己的工作和业余时间，在工作时间内专注于解决自己的任务，业余时间则用于放松，保持职业与生活之间的平衡。由于私人生活被排除在工作之外，因此同事之间几乎不会有工作之外的联系，除非还存在个人的友谊。德国人认为上级和下属间的个人关系不利于工作，因为个人关系会使得同事之间难以保持距离，而不带任何情绪的理性工作方式才是专业的。在德资企业工作的中国员工，也会受到这种价值观的影响，并不期待与同事建立工作之外的关系。

与德国文化不同，中国文化的一个特点是以关系为导向。大量中外学者都对关系在中国文化中的内涵进行过论述，认为建立关系是中国社会的基本组织原则。[1] 关系将社会空间区分为内部和外部的群体，并为从外部群体向内部群体的过渡提供了框架。[2] 钟（Chung）和汉密尔顿（Hamilton）认为中国社会日常生活中的关系是根据互惠准则运作的，并提出了用于评估关系性质和密切程度的三个具有分析性的维度：规范性、工具性和情感性。两个个体建立关系可能是因为受到某种义务的约束，彼此之间有强烈的感情，或者以从对方那里获得资源为目的。大部分情况下这三个维度同时起作用。[3] 在建立关系的过程中，友谊是一个常见的主题，美国学者认为"灌注着友谊精神的互惠是与中国人做生意的前提"。[4]

在关系导向价值观的影响下，中国人在工作场合的表现可能不符合德国人对"专业"的期望。例如在商务谈判中，中国人不会开门见山地与德国合作伙伴讨论合作的细节，而是先通过寒暄、聚餐等拉近彼此的关系，这往往让德国人感到不解或难以接受。

德国受访者指出，在中国办事先要学会如何建立关系，但根据他们的观察，关系导向在商业领域的重要性呈下降趋势，尤其"送礼"甚至是"贿赂"等不符合社会规范的关系维护方式正在随着法制建设的完善被杜绝。克里茨（Kriz）和方（Fang）经过实证调查指出，大多数人认为中国的商业成功是建立在关系基础上的，但中国的商业结构已经发生变化，关系仅仅有助于打开大门，真正取得商业的成功要靠信任。[5] 这也与我们在调查中了解到的情况一致。

从我们的调查结果来看，关系在德国社会同样重要，只是表现方式有所不同，涉及的领域也不同。许多德国员工在寻找新的工作岗位、职位晋升、寻求同事的合作时，与负责人或上级的关系都能助他们一臂之力。当德国企业尝试做出重要

1 King, Ambrose Yeo-chi. Kuan-hsi and Network Building: A Sociological Interpretation [J]. Daedalus 120 (2). 1991: 109-126

2 Henze, Jürgen. Die Rolle von Vertrauen in sozialen Beziehungen – das Beispiel chinesischsprachiger Kulturräume [A]. In: Jammal, Elias (Hrsg.) Vertrauen im interkulturellen Kontext. Wiesbaden: VS Verlag für Sozialwissenschaften. 2008: 196

3 Chung, Wai Keung & Hamilton, Gary. Social Logic as Business Logic: Guanxi, Trustworthiness and the Embeddedness of Chinese Business Practices [EB/OL]. [2019-03-05] https://ink.library.smu.edu.sg/cgi/viewcontent.cgi?article=1386&context=soss_research

4 Pye, Lucian. Chinese Commercial Negotiating Style [M]. Cambridge: Oelgeschlager, Gunn & Hain Publishers. 1982. 转引自哈里斯，莫兰．文化管理教程．第 5 版．关世杰主译．北京：新华出版社．2002：284

5 Kriz, Anton & Fang, Tony. Trust in Chinese relational networks: Moving from guanxi to xinren [EB/OL]. 2003. [2019-03-06] http://www.impgroup.org/uploads/papers/4369.pdf

决策或者实现重要目标的时候，也需要有人帮助推动它的发展，也就是需要关系。这解释了为什么在华德资企业中负责与母公司联络或合作事务的都是在企业工作了很长时间的人，他们与德国同事的交情能够帮助在华子公司更好地得到母公司的支持。例如在迟迟等不到母公司的回复时，想办法与熟悉的部门主管取得联系能够提高解决问题的效率。

比较中德两国的情况可以发现，在中国文化中，关系的建立在合作伙伴的初步接触中尤其重要，与当前工作任务无关的信息交流能够起到“破冰”的作用，也是获得对方信任的重要手段。与之相比，德国文化中事务导向的特点使得合作关系建立的初期，双方更重视对方专业能力的高低与工作态度。但在日常工作中，关系在德国同样能起到积极的作用，但正如受访者所言，如果与同事不熟，他也不会拒绝帮忙，只是合作可能不那么顺利。可以说中国关系网络的建立多半是公开的，而在德国关系网络是被隐藏起来的，但这并不意味着它不重要。

二、集体利益导向与个人发展导向

豪斯教授领导的 GLOBE 项目团队从 20 世纪 90 年代开始开展了迄今为止全球规模最大的跨文化管理研究，该团队对超过一万七千名管理者进行了调查，对霍夫斯泰德的文化维度理论进行了补充，提出了九个文化维度。其中社会集体主义和内群体集体主义两个维度对应霍夫斯泰德提出的个体主义和集体主义维度，社会集体主义反映了组织和社会对集体分配及集体行动的鼓励程度，内群体集体主义则反映个体对自己所在组织或家庭表达自豪、忠诚和团结的程度，其中相关的题目是“领导鼓励团队忠诚即便以牺牲个人目标为代价”和“员工对组织很忠诚”。在这两个维度中中国文化的得分都高于德国。[1] 从我们的调查结果来看，在华德资企业的中德两国员工行为与该理论不一致。

许多德国企业中，员工在企业工作十年甚至几十年都是常见的现象，这与员工对自我价值的认同有重要关系。许多德国员工对自己的工作抱有热情，他们积极主动的工作态度给中国同事留下了深刻的印象。无论职位高低，德国员工都会为自己的工作感到自豪，个人专业能力的提升给他们带来了极大的成就感。

相比之下，对高职位、高收入的追求是中国员工职业发展中的重要驱动力。许多德国管理者都提到中国员工的忠诚度不高，尤其是职位较低的员工，薪酬福利等物质条件是吸引中国员工的最重要手段。如果有竞争对手提出更好的条件，

1　唐宁玉，王玉梅 . 跨文化管理：理论和实践 [M]. 北京：科学出版社 . 2016：11-12

中国员工一般会马上选择跳槽。对德资企业的中国员工来说，良好的工作环境、个人能力发展的机会和优厚的物质条件是衡量自己和他人社会地位的重要指标。

德国管理者认为中国员工普遍对掌握权力和财富的人更加尊重，但我们认为其原因并非霍夫斯泰德所提出的中国文化权力距离维度较高。对权力和财富的向往与追求与中国员工的奋斗目标相一致，许多中国年轻人期望通过接受高等教育获得报酬丰厚的工作岗位。这还影响着他们对待其他人的态度，年轻的中国员工在工作关系中更加看重个人利益的维护。在德国人看来，对职业成功的追求反映了一种急功近利的心态。在企业的运作中，过分追求利益的最大化也会带来不良的后果。举例来说，机器设备出现小问题时，如果不愿意"浪费"时间停产维修而选择继续生产，最终会导致设备彻底无法运作。其实这时往往要投入更多的时间和成本才能解决问题。

在特定的文化框架下，价值观的优先顺序会随时间发生变化。德国壳牌公司的"年轻人研究"（Shell Jugendstudie）项目可以证实这一点。该项目的研究始于1953年，每四到五年进行一次，由独立的科学家和研究机构通过问卷和访谈的形式对12到25岁之间的德国年轻人进行调查，记录并分析他们的观点、情绪和期望。从不同时代的研究结果可以看出，德国年轻人的观念经历了从更加注重传统到更加实用的变化。[1]仅比较最近两次的研究结果（2010年和2015年）可以发现，德国年轻人对政治的关注、上帝的信仰、传统的坚持方面都呈现了新的变化趋势。[2]

同样地，社会环境的变化也在影响着中国年轻人的价值观，尤其伴随着经济的飞速发展，接触其他国家文化的机会不断增加，他们对家庭、职业等的看法都在逐渐改变。沙莲香在20世纪90年代对中国人的国民性进行了量化研究，发现效益意识日益强化是中国人观念改变的重要标志，主要体现在越来越多的人讲求实务、关心社会信息；要求机会均等基础上的公平竞争；强调时间、效率和生活的计划性；更加尊重知识、人才在现代化建设中的地位等。[3]王春光和方文采用质的研究方法对跨国公司中方员工的价值观进行了调查，发现他们的群体特征表

1 Leven, Ingo. Wie ticken Jugendliche eigentlich? Die Zielgruppe – das unbekannte Wesen [EB/OL]. https://www.diakonie-bayern.de/fileadmin/user_upload/Kampagnen_Aktionen/1.Daten/Forum_2_II_Shell.pdf. 2019-03-09

2 die Shell-Studie. Wertekatalog. Wertorientierung 2010 und 2015 im Vergleich [EB/OL]. [2019-03-08] https://www.shell.de/ueber-uns/die-shell-jugendstudie/multimediale-inhalte/_jcr_content/par/expandablelist/expandablesection.stream/1469779884844/889e38ca01785884ca4b819f5565027e55d93af9bf54b314bba0e82b38a1d274/shell-jugend-studie-jugendliche-wertorientierungen.pdf

3 沙莲香 . 中国民族性（二）[M]. 北京：中国人民大学出版社 . 1990：53

现为高文化水平的年轻人，大部分在职业选择中最为看重的是“发挥自己的才干，实现自己的价值”，紧随其后的是“高收入”。[1]

毫无疑问，中国和德国的文化标准的差异影响着中德两国员工的价值观，尤其是德国文化的事务导向与中国文化的关系导向造成双方在工作中的态度和行为存在差异。但特定群体的价值观可能随着社会条件的变化和时间的推移不断变化，在企业这一特定的文化情境下，为了实现不同文化的合作和协同，员工也会对文化标准进行调整，因此在管理中需要因地制宜地运用管理手段以增强员工的忠诚度并充分发挥其主观能动性。

第二节　社会互动

社会互动是文化在社会生活中的体现形式，包括生活方式、交流方式、社会组织等，社会互动按照文化所约定的规范开展。在来自不同文化背景的个体交往中，社会互动规范的差异给群体成员的交往带来困难和挑战，通过不断调整找到两者间的平衡对消除差异带来的不良影响至关重要，形成有效的互动规范是跨文化交往取得成功的先决条件。中德两国文化在社会互动方面的差异主要体现在对规则的不同理解和高低语境的不同交流方式两个方面。

一、重视规则与规则相对主义

重视组织和规则是德国文化的核心标准之一，它具体体现为大量的规则、法规、法律和隐含的规范，以提供明确和可靠的导向。创建这些规则是为了减少不确定性，将风险最小化，并预防性地消除错误和干扰源。组织和规则适用于生活的所有领域，例如日常生活中的垃圾分类、停车、交通等。在工作范畴，组织和规则表现为每个员工都有明确的责任和能力，他应当完成分配给自己的任务。标准化的工作流程和劳动分工是明确的组织和规则在德国企业中最典型的体现。内化的监控保证了规则得到正确的执行，就像那个著名的笑话描述的那样，如果深夜空无一人的街道上有车辆停下来等红灯，司机一定是德国人。

相比之下，中国文化呈现规则相对主义的倾向。中国文化的特点是灵活性和

1　王春光，方文．文化适应与合作：对跨国公司在中国所面临的一个重要层面的调查研究 [J]. 浙江社会科学．2001（5）：87-88

适应性强，对环境变化采用实用主义的态度，因时制宜。在合同的执行过程中双方也体现出不同的态度，德国人严格按照合同的条款执行，中国人则根据情况的变化灵活处理。

在德资企业的管理实践中，对规则和流程的不同理解会导致中德员工对突发状况的不同处理方式。当某个部门的工作任务由于特殊原因突然加重时，中方的管理人员临时将其他部门的员工调到该部门协助工作，并在此过程中考察员工的工作表现，以便决定未来是否对他的职位做出调整。在德国管理者看来，只要员工的工作任务发生了变化，就需要与他签订新的劳动合同，至于他未来是否长期担任这个职务并不重要。

作为一种隐含的规则，守时也是德国文化中非常强调的一点。这与德国人对时间规划的重视密不可分，约定时间（Termine machen）在德国人的生活和工作中随处可见。无论是看病、见导师、与朋友会面，都要提前预约。临时起意的安排通常被认为是不恰当和令人不安的。良好的时间管理，制定可行的时间计划并严格执行是专业精神的表现。对德国人来说，能否严格遵守规则是判断合作伙伴是否值得信任的重要标准之一。因此，一旦中国的员工或合作伙伴没有按照约定的时间完成任务，将会使德国管理者对他们的印象大打折扣。此外，中国员工在遇到问题时倾向于保持沉默，待到期限临近时才提出，这使得习惯提前安排好一切工作的德国人无法忍受，因为已经来不及对下一步的行动进行调整了。

对规则的重视保证了德国企业内部有条不紊的运作，但其代价是灵活性不足。规则一旦形成，就很难进行更改。以德资企业内部复杂的工作流程为例，即便在实施过程中发现流程存在错误，企业仍要求员工按照流程完成现有的任务。要对流程进行改进需要经过一系列的讨论和审核，使得工作效率大打折扣。在企业外部的沟通中，墨守成规的工作方式导致的劣势更加明显，如果不能提高决策的效率，无论在与客户的初步接触中还是满足客户的特殊需求方面，德资企业都将在竞争中处于不利地位。

二、高低语境交流

高低语境文化理论是霍尔（Hall）1976 年在他的著作《超越文化》中首次提出的。他认为文化和语境是跨文化传播中两个重要因素：文化是人的延伸，它帮助我们过滤经验，做出选择和解释；语境帮助我们克服语言的局限性，完整地理解意义。他根据文化和语境之间的联系程度，把世界上的文化抽象为从高语境型到低语境型的文化。高语境文化常常用间接的、委婉的方式表达意义，信息的很大部分隐含在大家已达成共识的非言语代码中；低语境文化偏爱用明确、直接的方式表达意义，信息基本上都包含在语言之中。[1]

德国属于低语境文化国家，这体现为德国人的口头语言几乎不需要进一步解读。德国人的沟通风格明确且直接，几乎不使用非语言符号，重要的是所说的内容。这种风格建立在信任的基础上，因此被认为是诚实、真诚的体现。在德国人看来，直截了当地表达自己的真实看法是可信而专业的，这种方式有效并且能够节省时间。为了避免误解，他们会表达明确的拒绝。德国人经常当面指出对方的错误，其目的是以客观的态度提醒对方注意自己的表现，他们并不担心会因此造成误解或矛盾，因为用就事论事的态度处理不同的意见被视为有领悟力的表现。在工作场合中，低语境的沟通还表现在沟通渠道的选择上，凡是与工作相关的信息都应该经由正式的渠道进行传递，例如通过书面的通知或正式的会议。

中国是高语境文化的代表之一，其沟通方式的特点是传递信息需要借助语言之外的信息符号如手势、目光等间接手段。因此在中国文化的社会交往中会出现“只可意会不可言传”的情况。这种间接的沟通方式背后隐含着中国文化对社会和谐的追求，避免冲突是中国人社会交往的核心原则之一。与和谐同样重要的是对面子的考虑。

尽管每个文化里都有面子的概念，但面子的内涵和实现面子价值的路径各不相同。郑立华以实证调查为基础，分析了中国人与法国人人际交往的文化差异，指出中国人的人际关系调节与面子得失有着密切的联系。他认为“在中国文化环境下的社会互动可以说是一场面子的博弈”。[2] 对面子的需求促使参与互动的各方相互合作，以便自己赢得面子，也让别人获得面子。在人际交往中，中国人鼓励内敛，不鼓励外露；倡导含蓄，不提倡直率；讲究变通，不讲究执着。

出于对和谐的考虑和保全对方面子的需要，中国人一般会采用较为婉转的方式进行沟通。即使与对方持不同观点，尤其在可能引发矛盾的情况下，中国人倾向于隐忍不说。在管理中，中国上司如果对员工的表现不满，不会在会议或其他公开场合中当着其他人的面直接指出，多半选择私下沟通。此外还会特别注意措辞，以免伤害对方的感情。但这种方式也有它的弊端，与低语境文化背景的德国管理者相比，中国管理者不习惯当面对员工表示赞扬，因此无法通过语言手段对员工给予激励。

---

1 霍尔．超越文化 [M]. 何道宽译．北京：北京大学出版社．2010

2 郑立华．交际与面子博弈——互动社会语言学研究 [M]. 上海：上海外语教育出版社．2014：404-405

在中德两国人员的交往中，需要特别注意高低语境文化传统的差异可能带来的障碍。马苏达（Masuda）和尼斯贝特（Nisbett）认为中国人在解释他人的行为时也考虑了情境方面的因素，因此他们在解决问题前倾向于进行全面的考量，而德国人更喜欢采用分析的方法，专注于问题的核心以求彻底地了解问题。[1]

与来自高语境文化的中国人交流时，德国人不会意识到需要对对方所说的话进行解码，对中国人来说可以通过副语言符号或非语言符号表达的信息，德国人是无法理解的。此外通过非正式渠道进行的沟通不符合他们对正式结构的偏好，因此私下的沟通无法得到他们的认可。

此外，由于德国人自己习惯坦诚地表示自己的看法，因此对交流对象也有相同的期待。但中国员工一般不习惯直接表达自己的意见，这会让德国管理者误以为中国员工没有想法或能力不足。君特（Günther）的研究也指出，中国人常在某些棘手的情况下保持沉默，以尽可能避免冲突。这种行为在跨文化交际中却常引起误解，因为德国人会把中国人这种谨慎的行为举止理解为自闭和不愿与人合作。而在中国人的眼中，这种行为却因为对群体和谐有利，而被看作成熟、礼貌和具有自制力的标志。[2]

从我们的调查结果来看，大部分长时间在德资企业工作的中国员工都已经适应了德国人直接明了的沟通方式，一方面他们不会将德国同事批评或提意见视为“不给面子”，另一方面他们也逐渐养成了“有话直说”的习惯。对德国管理者来说，理解中国文化中对维护面子需求的重视并选择合适的沟通方式是处理好与员工和客户关系的必要前提。

在中德两国人的社会交往中，对规则的不同理解和高低语境影响下沟通风格的差异带来了挑战，但从上述分析中可以看出，德国人对规则的重视和中国人的灵活各有长处和不足，直接与婉转的沟通风格孰优孰劣也不能一言以蔽之，关键是力求深入了解对方文化的规范，做到互通有无，相互借鉴。

正如广为传播的“文化冰山模式”所描述的那样，文化由显性的和隐性的两种要素组成，其中显性的部分包括建筑、语言、音乐等，隐性的部分是更为重要的基础且不易被察觉，如代表某一群体文化的历史、习俗、价值观以及对空间、

1 Masuda T. & Nisbett, R.E. Culture and change blindness[J]. Cognitive Science 30(2). 2006: 381-399

2 Günthner, Susanne. Diskursstrategien in der interkulturellen Kommunikation. Analysen deutsch-chinesischer Gespräche [M]. Tübingen: Max Niemeyer Verlag. 1993. 转引自陶卓．对中德跨文化交际中中国人沉默现象的调查研究 [A]. 朱建华，顾士渊主编．中德跨文化交际新论．北京：外语教学与研究出版社．2007：102

自然和时间的态度等。在全球一体化的发展趋势影响下，来自东西方文化的人交往不断增多，人们有更多的机会与异文化接触并感受到文化差异的存在。随着全球经济的一体化发展，各个国家和地区基础设施的差别不断缩小，人们的生活习惯、工作方式之间的差异也逐步向国际化的标准靠拢，因此对文化显性部分的适应也变得越来越容易。相比之下，价值观和道德规范等文化的隐性部分发生变化要困难得多，而它们恰恰是决定着人们如何采取行动和评估他人的核心要素。

大量关于中西方文化差异的研究，包括跨文化管理中以文化冲突、文化融合等为主题的相关研究都以西方学者提出的文化维度理论为基础，被广泛引用的包括霍夫斯坦德的六维度文化理论、霍尔的高低语境文化理论等。我们认为，一个国家的文化反映了社会共享的历史经验和文化价值观，影响着群体和个人的价值观，因此对文化适应和文化协同有重要的意义。而文化维度理论多半采用量化或静态比较的方式考量文化，对文化的分类过于简单化和本质化，忽略了文化的不断变化。此外，文化维度理论主要关注文化的差异，忽视文化间的相互渗透和影响。

与霍夫斯泰德侧重于一群人的共同价值观不同，德国文化比较和跨文化心理学家托马斯（Thomas）在分析文化时主要关注个人的行为和活动，他提出了文化标准（Kulturstandard）这一概念。按照他的定义，文化标准是生活在同一文化中的人共享的、且具有约束力的实施和评估行为举止的规范和标准。文化标准是文化的核心特征，为知觉、思维和行动提供导向系统。它为文化成员的行为提供参照，帮助他们决定哪些行为应该被认为是正常的、典型的和可接受的，哪些行为是必须拒绝的。托马斯指出文化标准是一种内隐的理论系统，在社会化过程中得到了内化。文化标准由中心标准和可容忍的范围组成。标准表示理想状态，可容忍范围则确定可接受的与标准值的偏差。[1]

托马斯对文化标准的研究以文化相对主义为基础，即认为不能对不同的文化进行比较，也不能从其他文化的角度对某种文化加以评判。要理解文化现象就必须将其放在该文化特定的背景下加以考量，并同时关注该文化对应的社会和价值体系。托氏提出的文化标准都是按行动领域（Handlungsfeld）划分的，他认为在管理、教育等特定的行动领域都存在典型的行为方式。因此该理论适用于微观文化现象的比较和分析，如杨（Jahn）依据文化标准理论对外派到法国的德国员工

1 Thomas, Alexander. Kultur als Orientierungssystem und Kulturstandards als Bauteile[DB/OL]. IMIS-Beiträge (10). 1999: 91-130. [2019-03-03] https://www.imis.uni-osnabrueck.de/fileadmin/4_Publikationen/PDFs/imis10.pdf

进行了调查，分析了德法两国员工的不同行为模式对管理产生的影响。[1] 望路在她的论文中采用案例分析的方法对中德核心文化标准在中德大学生交流过程中的影响进行了分析并提出了应对策略。[2]

文化标准是对价值观、规范、习俗、行为准则、世界观等文化元素等的分类，它是通过对真实的、日常生活的经历进行系统分析构建的。要识别文化标准，就必须以两种文化的碰撞为前提：来自不同参照系统的合作伙伴都按照自己的文化标准行事，在互动情境中文化标准的行动调节作用变得明显可见。文化中的人所做的与自己的预期不相符的行为方式是进行文化标准比较的重要参照标准。对于研究者来说，行为与预期偏离得越多时就越容易挖掘出其背后隐藏的文化标准。[3] 文化标准不是简单地根据别人对某国文化的认识、看法和观点加工而成的，而是从真实的日常生活情境当中提取出来的，因此与刻板印象和偏见有本质性差异。此外，虽然文化标准得到了一个文化中大部分成员的认可，被视作理所当然的、有约束力的行为标准，但在某些行动领域，行为模式会由于外部或内部的影响进行调整或重新出现。[4]

施罗尔-马赫（Schroll-Machl）在《德国人——我们德国人》一书中以大量跨文化实践中的经验为基础，总结了德国人在工作中的七个核心文化标准，它们分别是事务导向（Sachorientierung），重视组织和规则（Wertschätzung von Struktur und Regeln），以规则为导向的、内化的控制（Regelorientierte, internalisierte Kontrolle），时间规划（Zeitplanung），个人与生活领域的区分（Trennung von Persönlichkeits- und Lebensbereichen），作为沟通风格的低文化语境（Schwacher Kontext als Kommunikationsstil）和个体主义（Individualismus）。[5] 托马斯等认为德国文化标准中与中国文化标准差异显著的包括直接 / 真实性、规则导向 / 合同的约束力、个人生活与工作的区分、时间规划、事实导向和个人主

1 Jahn, Judith. Kulturstandards im deutsch-französischen Management. Die Bedeutung unterschiedlicher Handlungs- und Verhaltensmuster von Deutschen und Franzosen [M]. Wiesbaden: Deutscher Universitats-Verlag. 2006

2 望路 . 核心文化标准在中德大学生跨文化交流中的影响及其对策——以德中两所大学学生互访实践为例 [D]. 华中科技大学硕士学位论文 . 2014

3 Molz, M. Analyse kultureller Orientierung im deutsch-französischen Dialog [D]. Diplomarbeit der Universität Regensburg. 1994. 转引自梁杰 . 在华德国留学生文化适应策略与主观幸福感的关系研究 [D]. 浙江大学硕士学位论文 . 2010：14

4 Thomas, A. & Kinast, E.-U. & Schroll-Machl, S. (Hrsg.). Grundlagen und Praxisfelder. Handbuch Interkulturelle Kommunikation und Kooperation, Bd. 1 [M]. Göttingen: Vandenhoeck&Ruprecht. 2003: 20

5 Schroll-Machl, Sylvia. Die Deutschen – Wir Deutsche. Fremdwahrnehmung und Selbstsicht im Berufsleben. 2. Auflage [M]. Göttingen: Vandenhoeck & Ruprecht. 2003

义。[1] 20 世纪 90 年代，托马斯（Thomas）进行了关于中德两国人价值取向、文化准则的专题研究，指出中国文化准则体现为中国人注重关系、爱面子和等级、权威观念强；德国人虽然也有等级、权威观念，但更注重形式规则、个人主义、私人氛围、直接性和诚信。[2]

本书从中德员工的角度出发，了解他们在合资或独资企业这一特定文化场所的行为准则和价值标准，根据我们的分析，中德员工体现出不同的核心价值取向，其中德国文化的事务导向和中国文化中的关系导向较为明显，这与前人的研究结果高度一致。但我们发现，德国员工对企业更有归属感，中国员工则更加注重个人的发展，这与广泛传播的文化维度理论提出的观点并不一致。同时两种文化的交往互动原则也存在差异：首先两者对规则的理解有所不同，德国人更加重视规则，这体现在他们对合同、企业制度等的重视中，也决定了他们的时间观念更为严格；中国人则倾向采用更加灵活的处事方式，根据情况变通。在交流方式方面，中德两国员工分别表现出高语境和低语境交流的倾向，但中国员工在与德国同事的合作中会向低语境交流靠拢。（如表 5-1 所示）

表 5-1　中德两国员工文化标准对比

	德国员工	中国员工
价值取向	事务导向	关系导向
	集体利益导向	个人发展导向
交往互动	重视规则	规则相对主义
	低语境交流	高语境交流

上述分析表明，在企业这一文化情境中，国家文化的标准会影响来自两种不同文化的成员的行为模式，但其内容及影响程度并非一成不变。一方面，文化标准本身会随着国家社会、经济、教育等方面的发展不断变化；同时，情境的介入会导致文化成员对文化标准进行调整。在企业这一具体的文化环境中，中德两国员工都有与来自异文化成员合作、在个人职业中取得成就的意愿，这使得他们愿

1　Thomas, Alexander & Kammhuber, Stefan & Schroll-Machl, Sylvia (Hrsg.) Handbuch Interkulturelle Kommunikation und Kooperation, Band 2, Länder, Kulturen und interkulturelle Berufstätigkeit[M]. Göttingen:Vandenhoeck & Ruprecht. 2003: 73

2　Thomas, A. & Schenk, E. Abschlussarbeit zum Forschungsprojekt „Handlungswirksamkeit zentrale Kulturstandards in der Interaktion zwischen Deutschen und Chinesen “ (unveröffentlicht). Regensburg. 1996. 转引自赵其昌 . 中德跨文化交际刍议 [A]. 朱建华，顾士渊主编 . 中德跨文化交际新论 [C]. 北京：外语教学与研究出版社 . 2007：9

意改变自己的行为方式进行文化适应，以实现文化协同的共同目标。另一方面，随着文化接触的加深，文化成员会有意识地对自己的和对方的文化进行反思，并且根据跨文化交际的具体要求调整自己的行为，从而使文化标准间的差异变小。换句话说，两种文化通过价值观和思维方式等相关方面的相互促进和刺激，形成新的、适合具体文化情境的文化标准，最终实现文化协同。

第三节 小 结

人们在工作中的行为受到文化的影响，文化指导我们在各自的环境中成功地工作，我们按照文化提供的标准学习如何参与讨论、制定计划、做出决定，学习如何理解会议的功能或具有约束力的协议，如何赞美和批评他人等等。本章我们以托马斯提出的文化标准理论为基础，分析了中德两国文化核心标准对德资企业员工的价值取向和社会交往两方面带来的影响。

我们认为，所有人对文化的理解都存在共同的基础，这为来自不同文化的团队成员之间的合作提供了基础。但在与其他文化成员的交往中，必须小心刻板印象（Stereotype）的影响。刻板印象是人们逐渐学习其他文化群体的特征得到的结果。当人们与其他文化的成员接触时，如果他们表现出一种难以理解或模棱两可的行为，刻板印象会帮助人们解释，这个过程是无意识的。[1]研究发现，刻板印象能引导我们的注意力从而影响我们的认知，而且还会影响我们的行为。[2]刻板印象能够帮助我们对其他文化成员的行为进行初步分类，但在此过程中我们往往倾向于忽视他们的个人特征。因此需要特别指出的是，文化标准虽然描述了普通德国人或中国人的典型行为，但不能把它们推导到个体身上。举例来说，虽然守时是德国人文化中的重要美德，大部分德国人的确拥有这一品质，但是我们不能因此推断出所有德国人都守时。文化是不断发展的，即使是同一个文化在不同的时代也会呈现出不同的特征，因此文化维度和文化标准仅能为我们理解和分析文化现象提供参考。

在跨文化合作团队中，因为没有意识到文化对工作习惯的影响，一旦其他成

1 Dunning, D. & Sherman, A. Stereotypes and Tacit Inference [A]. In: Hamilton, L. (Edt.) . Social Cognition. New York: Psychology Press. 2005: 48–62

2 Correll J. & Park B. & Judd CM &Wittenbrink, B. The Police Officer's Dilemma: Using Ethnicity to Disambiguate Potentially Threatening Individuals[J]. Journal of Personality and Social Psychology 83(6), 2002:1314–1329

员由于文化的差异出现了与自己不同的行为,这种偏差经常被理解为个人的错误,认为对方缺乏能力或缺乏合作的意愿。如果团队中来自某个国家的成员组成了较大的群体，那么同一文化成员的信仰和实践的相似性会更加明显。其他文化成员就会将这种差异归纳为某个群体的特殊性，例如认为“中国人都……”，这是一种基于自我文化信念做出的评价，一旦评价是负面的，将对合作造成消极的影响。此外人们可能由于个人的经历将某些性格特征与某种文化群体联系起来，例如认为“德国人都很死板”。在与其他文化成员的交往中，我们要警惕这种“一竹竿打沉一船人”的做法，尝试全面地理解对方行为的原因。

比特纳（Bittner）特别指出，当出现对其他文化的负面评价时，出于礼貌或为了证明自己的开放态度而对差异避而不谈是错误的做法，这样只能在缺乏尊重和信任的基础上创造一种表面友好的多元化氛围。[1] 我们认为，文化标准的重要功能是帮助我们意识到文化的异同，它不仅为我们理解其他文化提供参考，也有助于我们对自己的行为进行反思。对德资企业的员工来说，要提升中德两国文化成员的合作效果，必须以理解自己国家和对方国家的文化影响为前提。

1　Bittner, Andreas. Gemischtkulturelle Teams: Probleme und Lösungswege [EB/OL]. page 4. Institut für Interkulturelles Management GmbH. [2018-12-01] https://www.ifim.de

第六章

组织因素

管理学大师明茨伯格（Mintzberg）指出，我们的社会已经成为一个组织社会。[1]我们在组织中出生，在组织中接受教育，在组织中工作。在他看来，组织意味着追求共同使命的集体行为。作为现代组织的典型形式，企业是以盈利为目标的组织单位，企业的员工带着相同的目标在一起工作。

20世纪80年代，工商人类学家开始关注组织文化的研究，其背景是国际竞争的加强，尤其是日本企业的迅速发展，“随着日本企业的崛起，人们注意到了文化差异对企业管理的影响，进而发现了社会文化与组织管理的融合——组织文化”。[2]管理学视野中的组织文化常常也被称为企业文化，在本章的讨论中我们将组织文化等同于企业文化。对外资企业来说，员工的跨文化合作和企业母国、目的国的两种文化的碰撞带来了更大的挑战，因此企业如何通过管理手段保证两种文化的相互作用为企业发展带来有益的作用至关重要，本章我们将进一步分析显性的和隐性的组织文化如何影响德资企业的文化协同。

第一节　显性的组织文化

企业的管理和制度建设是企业文化的直接载体，与母国截然不同的文化环境决定了中国的德资企业不可能把德国的管理方式原封不动地搬到中国，要完全按照中国企业的方式管理显然也不现实，因此必须在两者间找到平衡。本节我们主要从企业的任务分配、创新发展两方面分析德资企业利用组织及其成员的多样性实现文化协同的可能性，同时对母公司与子公司文化之间的相互作用展开讨论。

1　Mintzberg, Henry. Mintzberg über Management [M]. Wiesbaden: Betriebswirtschaftlicher Verlag Dr. Tb. Gabler GmbH. 1991: 13

2　石伟编．组织文化 [M]. 上海：复旦大学出版社．2004：8

一、任务分配

毫无疑问，德资企业中员工的文化背景差异增加了工作中的不确定性和复杂性，但企业多元文化的组织结构和员工的多样性同时为企业的发展提供了更有利的条件，这首先体现在企业任务的分配上：根据来自不同文化的员工的能力来分配任务可以创造协同效益。例如由擅长制定计划的德国人来负责安排工作任务，重视社会关系的中国人则负责与客户进行谈判等等。

但是，许多外资企业的组织结构并非一开始就能实现最佳的任务分配，而是要经过不断的适应和调整。以一汽大众在中国的各个分公司为例，合资企业的性质决定了公司在决策机制方面拥有了中德投资方带来的不同能力和优势。企业成立之初，合资双方确定了产品研发方面适应中国市场的策略，也将跨文化沟通确定为组织和管理的重要组成部分。但企业建设阶段的实践证明谈判阶段所构想的合作方式存在许多问题，复杂的管理层级和决策机制使得部门间的合作和沟通无法高效开展。积累多年经验后，在华各个分公司逐渐形成了中方与德方配合的管理结构，最高管理层由中方和德方的负责人同时担任，并根据其优势进行任务分配。各部门的中层领导同样由中德两名负责人担任，其中人力资源管理部门主要由中方领导负责，配备一名德国顾问；销售、采购和技术等部门则由德国经理主导，中国人担任副经理或协调员提供配合。事实证明大众这种按照中国和德国员工的资质和能力来进行任务分配的模式是成功的，它使得跨文化的交流成为可能，从而推动了新的组织文化的产生。[1]

在德资企业的本土化过程中，尤其能明显地观察到企业通过组织结构的调整对企业任务重新进行分配的适应过程。善于与客户打交道的中国员工往往承担销售、售后服务等任务，因此相关部门的管理职责也会最先实现本土化。对专业水平有极高要求的技术部门多半由德国人管理，本土化过程较为缓慢。

在不同部门的合作过程中，还必须按照企业运作的需要不断调整工作方式和行为模式，以实现最佳的效益，对企业流程的调整就是一个具体的例子。对于在华子公司来说，工作任务的分配还要考虑到与母公司的协调，因此母公司与子公司之间业务来往和放权程度也会影响职位的分配。

1 vgl. Posth, Martin. Erfolgsfaktoren des Cross Cultural Management – Beispiel: Die Gemeinschaftsunternehmen von Volkswagen in China [A]. In: Dietz, Karin & Harnischfeger-Ksoll, Madgalena. Erfahrungen im China-Geschäft. Erfolgsfaktoren, Perspektiven und Denkanstöße. Wiesbaden: Springer Fachmedien Wiesbaden. 1998: 155-158

库珀尔（Köppel）提醒管理者在分配任务时要警惕对国家文化的预判与员工专业能力不匹配可能造成的风险。[1] 正如我们在上一章中提到的那样，不能简单地将国家文化标准推导到个体身上，从我们的调查结果来看，虽然大部分德国员工都表现出认真负责的工作态度，但也会存在少数德国技术人员通过不正当的手段掩盖自己专业水平不足的情况。因此企业管理者应当充分了解员工的各方面能力和不足，实现人职匹配（person-job fit），[2] 充分发挥多元文化人力资源带来的优势。

二、创新与发展

组织的多样性能激发企业的创新力和活力，给企业带来实实在在的效益。善于思考、有责任心、富有创造力的人才是企业的成功关键，这已经成为经济学家的共识。[3] 来自不同文化背景的员工集思广益，在产品的开发、技术的革新、管理的创新等方面都有望取得更大的进步。

按照美国学者罗基切（Rokeach）的理解，价值观是关于什么是最好的行为的一套持久的信念。[4] 由于跨文化企业中的每个员工进入多元文化的工作环境之前都已经形成了自己的价值观，因此每个人都会产生优越感，认为自己的行为方式优于他人，排斥异己文化，这为多元文化团队成员间的协作和合作带来了障碍。但这种多样性也隐含着优势：对自己观点根深蒂固的认同会使得企业员工更自信地表达自己的看法，也更容易与来自其他文化背景的员工发生思想的交锋，使团队的信息更加多元、思想更加有创意。而经过争辩得出的结论一旦得到认同，其承诺程度就会更加深刻和广泛。

文化协同的另一种表现形式是工作方法的改进，这以中德员工的相互学习为前提。从我们的调查中可以看出，许多中国员工对德国人严谨的工作态度和他们有条不紊的工作方式都表示赞叹，这对中国员工有良好的示范作用，他们会尝试

1 Köppel, Petra. Synergien in multikulturellen Arbeitsgruppen [J/OL]. Inerculture journal: Online-Zeitschrift für interkulturelle Studien 2. 2003(5) [2019-03-14] https://www.ssoar.info/ssoar/handle/document/45279

2 See Edwards, J. R. Person-job Fit: a Conceptual Integration, Liteature Review and Methodological Critique [J]. In: Coope, C. L. & Roberson, I. T. (Eds.). International Review of Industrial and Organizational Psychology. 1991(6): 283-357

3 Kohl, Dirk & Löw, Markus. Der Mensch im Berufsleben – Kostenfaktor oder Erfolgsmotor? Strategisches Personalmanagement unter dem Einfluss der zunehmenden Globalisierung [A]. In: Internationalisierung deutscher Unternehmen – Strategien, Instrumente und Konzepte für den Mittelstand. 2., überarbeitete und erweiterte Auflage. Wiesbaden: Springer Fachmedien Wiesbaden GmbH. 2011: 419

4 郭莲 . 文化价值观的比较尺度 [J]. 科学社会主义 . 2002（5）：53

去学习并尝试更有条理、更注重流程的工作方式；与此同时，中国员工更擅长灵活地处理问题，这是因为企业运营的许多外部条件都无法提前计划，因此德国员工要学习中国员工的经验，以适应随时变化的条件。实现文化协作的最佳状态，是多元文化背景的团队成员在面对具体的工作任务时共同决定哪种方式是最有成效的，通过不断地积累经验，中德双方员工的观念、工作方式和解决问题的能力自然会得到改进。

不同文化成员组成的团队不仅在工作效率方面有潜在优势，成员的荣誉感还会表现为与其他文化成员竞争的意识，这有助于提升员工的工作动力和工作表现，从而提高团队的整体竞争力。许多中国员工表示他们在与德国员工合作时会特别注重自己的表现，认为自己代表了中国人，因此一定要"争一口气"。

20 世纪 80 年代就有研究表明，如果不加任何引导将两个或以上的团队组合在一起，它们之间的差异不但不会减少，反而会增大。[1] 为了让文化协同的潜力得到充分利用，企业必须提供管理措施方面的保障。其中一个手段是通过企业组织的工余活动来拉近两国员工的距离。根据我们的调查，许多德资企业会在工作时间以外组织集体旅行、体育比赛、亲子活动等，受访者普遍对这类活动有正面的评价。

此外，跨文化培训也是德资企业建设组织文化的重要手段。众多关于跨文化团队的研究都强调了跨文化培训的重要性，研究者发现，当使用的培训方法恰当时，可以提高访问者身处另一种文化的舒适度和所在东道主文化对访问者的吸引力。[2] 商务领域从 20 世纪 80 年代开始增加对跨文化培训的重视程度。

从我们在上篇呈现的调查结果可以看出，德资企业普遍重视对员工的培训，这也是德资企业对中国员工保有吸引力的重要因素。我们按照培训的对象将跨文化培训分为两类：一类是针对德国外派员工的，另一类则是针对中国员工的。根据我们的调查结果，早期外派员工多半在前往中国前自行在图书、视频、网络等媒体中搜集关于中国的信息，获得的一般是关于中国地理、历史、文化的一般性信息，没有接受针对性的培训。因此他们直到踏上中国土地的那一刻，心中还充满着疑虑。这意味着外派员工开始工作时一边要应付全新的工作任务和挑战，同时还要面临巨大的文化冲击（Kulturschock），增加了文化适应的难度。随着时间

1　Newstone, Miles & Brown, Rupert. Contact is not Enough: An Intergroup Perspective on the "Contact Hypothesis" [A]. In: Newstone, Miles & Brown, Rupert. Contact and Conflict in Intergroup Encounters. Oxford, New York, NY: Blackwell. 1986: 1-44

2　特里安迪斯 . 跨文化培训指南（第三版）[M]. 兰迪斯，贝内特 , 贝奈特编，关世杰，何明智，陈征，巩向飞译 . 北京：北京大学出版社 . 2009：3

的流逝，越来越多的德资企业重视为外派员工提供专门的跨文化培训，具体形式可能是聘请专门的培训机构或咨询公司，通过跨文化课程介绍中国的基本情况，并通过工作坊、小组讨论等形式让外派员工直观地了解两国文化的差异。虽然有受访者表示跨文化培训的内容过于表面，无法为他们提供实质性的建议，但我们认为这一类型的跨文化培训不仅能帮助外派员工了解中国文化，也促使他们对自己的文化背景进行反思，有利于在实际工作中理解文化差异并扬长避短。

对于中国员工来说，跨文化培训的内容更为丰富，贯穿了从进入企业初期到职业发展的全过程，既包括技术、业务、流程等“硬件”的提升，也包括时间管理、沟通技巧等“软技能”的培养。值得一提的是，虽然大部分在华德资企业的工作语言是英语，但仍有企业特意为员工提供德语培训课程，其目的并非为了在工作中使用，而是通过语言的学习帮助员工了解德国文化及企业的组织文化。

三、母公司与子公司文化的协调

张云路总结了处于“文化边际域”中的跨国企业的四种管理模式，它们分别是：本我模式，即海外公司照搬母公司的既有模式，实行总部集权制；客国模式，即分公司实施本土化管理；区域模式，即在确立基本准则的基础上分区而治；全球模式，即采用全球化标准化的管理。[1]在我们调查的德资企业中，大型跨国企业最常采用的是区域模式，即总公司或区域集团总部确立了管理的基本准则，各个分公司分而治之。子公司与母公司之间形成相互协调和包容的企业文化体系，企业的管理既有原则性又有灵活性，因此有利于企业充分利用多元文化带来的优势。

布鲁塞（Buzzell）和葛勒（Gale）认为集群公司的协同效应表现为企业群整体的业务表现优于其各个元素的总和。协同效应带来的持续好处在于提升价值，使业务部门的盈利水平远远超出它们单独实现的水平。例如利用规模经济，使得分摊特定经营活动成本的各个业务单位实现比单独运营时更低的单位成本。他们提出了协同创造价值的四种主要方式：一是共享资源或业务范畴，二是利用市场营销和研发的群体效益，三是设立相似的业务单位，四是共享企业的形象。[2]对在华德资企业来说，母公司的企业形象、技术和市场资源都为它们的起步提供了良好的基础，这正是通过资源共享获得协同效应的表现。

---

1 张云路. 跨文化管理的模式选择 [J]. 企业改革与管理. 2005（4）：46-47

2 Buzzell, Robert D. & Gale, Bradley T. Das PIMS-Programm. Strategien und Unternehmenserfolg [M]. Wiesbaden: Springer Fachmedien Wiesbaden. 1989: 195-201

同时，子公司的企业文化还会反过来作用于母公司，使得母公司形成新的工作方式和行为规范。一个典型的例子是中国子公司对市场和客户需求的反应速度明显高于德国母公司，为了适应两者间合作的需求，德国母公司也会对工作流程进行调整。

值得注意的是，"中间人"在这个相互适应的过程中的作用不可忽视。他们一般是经验丰富、并且对两种组织文化都有深入理解的高层员工，许多时候担任中国子公司的最高领导。从我们的调查来看，许多在华企业的德国管理者除了应付生产管理和市场开发等本地的工作任务外，还要花费大量的时间与母公司进行沟通，包括解释自己根据中国市场特定条件作出的决策，因为这些决策可能不符合更高管理层的想法。从长远来看，一旦子公司与母公司经过一段时间的磨合，吸收两种组织文化的长处并形成了统一的组织文化体系，将为双方都带来更大的竞争优势。

简言之，显性的企业文化为员工提供了共同的行为模式和沟通方式，是企业健康发展的必要条件。随着政治、经济环境的不断变化，企业面临的环境瞬息万变，组织的结构也会随着环境变化而变化，所以企业要不断对组织文化的显性要素如工作流程、规章制度等进行调整，使其适于组织的生存和发展。

第二节　隐性的组织文化

石伟认为组织文化的功能可以概括为"外塑形象，内塑人"。其中"内塑人"是指组织通过将价值内化，使个体在价值观上与组织的价值观相一致，形成符合组织要求的态度、行为特征。"外塑形象"则指组织文化在社会和组织层面传导组织形象，营造组织氛围，进而取得组织绩效的功能。[1] 企业成员既是创造企业文化的主体，又是企业文化的承载者和实践者。企业内隐的组织文化所规定的共同的价值观有助于企业员工感受并表达共同的身份，确保企业各个层面的人员团结起来朝着同一方向前进。我们认为员工间的相互信任和员工对企业文化的认同是隐性的组织文化实现协同作用的重要条件。

一、建立信任

费列罗（Ferraro）指出，建立信任和尊重，将其作为工作场所互动和协作的

1　石伟．组织文化（第二版）[M]. 上海：复旦大学出版社．2010：138

基础是建立健康企业文化的重要任务之一。[1]可以说信任是人类历史上一个古老而常新的话题，社会学家、心理学家、人类学家等都从不同的角度对信任的本质、类型、作用及信任产生的基础和机制等问题进行了深入探讨。近年来有许多中外学者就信任在经济领域的定义和功能进行了研究。经济学家福山认为信任是从一个行为规范、诚实而合作的社区中产生的一种期待，是一种普遍的文化特征，依赖于人们共同遵守的规则和群体成员的素质，它使自发社会交往、团体的凝聚、政治参与等成为可能。[2]

穆勒（Müller）总结了多位学者的观点，指出信任可能带来的道德优势乃至经济效益包括降低成本（例如通过放弃控制）、降低复杂性、提高冒险的意愿从而加速流程、稳定业务关系、使信息管理更加公开、增加对不确定性的容忍度、提高反应速度等。[3]在我们的调查中，许多中方员工都表示德国管理者对自己的信任使得他们更加愿意容忍德国人不符合中国习惯的工作作风和沟通方式，例如有员工表示虽然德国经理会直言不讳地批评自己，但从对方的言辞和态度可以感受到他对自己的信任，这让中国员工更加容易接受批评。

董才生对中西方社会信任的制度类型进行了比较，认为中国的社会信任属于“内在制度型”，是“因亲情而信”的模式；现代西方的社会信任模式则是“外在制度型”，符合“因原则而信”的模式。[4]存在这种差异的根本原因是中国的内在制度对中国人的社会交往行为的规范与约束主要是一种非正式的“软约束”，它以道德灌输与道德教化为主要手段，通过非正式的惩罚方式如排挤、指责、社会舆论谴责等来对违背者实施惩罚。西方国家的外在制度对西方人的社会交往行为的规范与约束主要是一种比较正式的强制性的“硬约束”，它以强制执行的手段迫使人们遵守与服从，对于违背者采取正式的惩罚方式。可以想见，由于中西方文化差异的存在，来自两种文化的成员之间建立信任关系更加困难。

我们认为德资企业中德员工之间的信任产生要满足两个条件，其一是他们要对彼此的期望有清楚的认识，其二是主动做出努力来满足对方的期望。举例来说，我们在前面的分析中提到，中德两国文化对书面语的使用有不同的看法，德国人在工作交往中讲究“证据”，在进行信息传递过程中倾向采用书面记录的形

1 Ferraro, Gary P. & Briody, Elizabeth K. The cultural dimension of global business. 7th ed.[M] New York: Routledge. 2016: 45

2 井世洁 . 转型期中国社会信任问题研究的路径选择 [J]. 社会科学 . 2011（7）：82

3 Müller, Klaus. Vertrauen zwischen Fremden: zum Aufbau einer Joint-Venture-Culture in interkulturellen Verhandlungen [J]. In: Zeitschrift für Wirtschafts- und Unternehmensethik 10 (2009): 1. 79 [2018-09-10] http://nbnresolving.de/urn:nbn:de:0168-ssoar-401909

4 董才生 . 中西社会信任的制度比较 [J]. 学习与探索 . 2005（1）：114-117

式，这与中国文化中“君子一言驷马难追”的口头承诺不同。如果德国员工在工作交接中要求中国员工留下文字证明，后者可能会理解为对方是出于不信任才提出这样的要求，而中国人的口头承诺在德国人看来可能算不上有诚意和具约束力的约定。要避免这种误解，前提是双方对己文化和异文化都有所了解，并愿意按照对方的期望改变自己的行为习惯，只有这样才能保证无障碍的沟通和无间的合作，从而使得文化协同成为可能。

信任的建立是一个长期的过程，合作的双方必须经过长时间的接触和交往才有可能了解对方的价值观和行为习惯，因此它是一个不断学习的过程，在此过程中必须保持开放、包容的态度，才有可能实现相互信任。

二、认同企业文化

李大港以其他学者对组织文化认同的研究为基础，指出企业文化认同是一个总和的概念，包括对企业物质文化、制度文化和精神文化的认同，其中最重要的是认同组织形成和遵循的基本信念和行为准则，达到认知、情感、评价和行为的一致。[1] 陈致中等将员工对组织文化认同的结构分为认知层面（深刻了解组织文化的内涵、价值观、典型人物和事迹等）、情感层面（喜爱组织的文化价值观、工作氛围和组织形象）和行为层面（主动参与文化的建设和宣传，主动维护企业的声誉和品牌）。[2] 我们认为，员工对企业文化的认同决定着企业能否取得成功，因为员工对企业文化的认同程度很大程度上决定了他们工作的努力程度和贡献程度。对企业文化的认同以社会角色和心理契约的形式发挥作用，使企业和员工在共同的平台上相互作用，共同发展，最终使员工个人和企业的目标得以共同实现。此外企业文化认同感是激励的重要基础，如果员工对企业文化不予认同，无论是物质还是精神激励都无法达到其应有的效果。

从我们的调查中可以看出，德资企业往往在招聘程序中便根据企业文化的价值观挑选员工。招聘通过事前的控制方式，保证了只有具备特定能力素质、工作经验、思想道德素质的人才能进入企业，更加重要的是通过招聘程序选拔认同组织文化和价值观的人员，使得员工对组织有更高的认同。[3] 多名受访者提到，与美资企业相比，德资企业偏向选择更有团队精神的候选人。在多家大型企业的面试中采用了群体面试的方式，让候选人以小组为单位讨论如何完成一个具体的任

1　李大港 . IT 企业技术型员工企业文化认同感影响因素研究 [D]. 重庆大学硕士学位论文 . 2009：11
2　陈致中，张德 . 组织文化认同之文献评述与模型建构 [J]. 现代管理科学 . 2011（3）：3
3　参见胡晓东 . 母子公司人力资源控制与协同研究 [D]. 山东大学硕士学位论文 . 2006：40

务，根据受访者的观察，一般表现得过于激进、不愿意接受别人意见的候选人都不会被选上。这从侧面反映了德资企业注重团队合作的企业价值观，也为日后员工间的协作和合作提供了保证。

在日常的工作中，企业也可以通过多样化的手段来增强员工对企业文化的认同感。许多德资企业会在入职培训中专门向员工介绍企业的发展历史，在员工心目中树立企业的正面形象，此外还会通过员工杂志等手段在企业内部宣传企业文化。人事管理方面，德资企业“有人情味”的管理风格也使得员工更有归属感。

保证中德员工之间良好的合作，增强团队的凝聚力，并使得员工认同企业文化，是隐性组织文化建设的重要任务，目的在于使员工彼此之间建立起信任关系，通过共享的认知结构、规范和价值观建立的一种集体认同感，为文化协同的产生提供条件。

有学者指出，当今流行的组织研究学者的理论缺乏人类学的视角，将文化视为组织的一个方面，这种视角无法完全解释组织中的个人和人与人之间关系的平衡互动。他们提倡通过参与观察全面地研究组织理论，认为组织内的各式各样的人的互动也成为理解组织文化的一个重要途径。[1] 贝特（Bate）比较了人类学和管理学视野下的组织研究，指出在人类学家的视野中，组织大多也是一种文化现象，现代组织也像是一个小的“部落”，根据自己的文化价值和行为方式与员工互动。[2]

不同的学者对组织文化结构进行了不同的划分。有学者认为组织文化的金字塔可以分为三个层次：最低的一层为物质和行为，代表最有形的组织文化方面，即工作场所的物理布局和显示在外的雇员的行为。中间层包括价值观影响下的愿景和员工的行为，它们也是有形的。最顶层的愿景和信念是最关键的，它们属于无形的组织文化。同时，愿景和信念最难被员工理解与吸收，耗费的时间也最长。但是一旦员工认同组织的愿景和信念，它们反过来又会深刻地影响员工的价值观和行为。[3] 沙因（Schein）在《企业文化和领导》一书中将组织文化分为三层：第一层是人造文化层（Artifacts），包括可见和可用的结构和过程以及可以观察得到的行为；第二层是信念和价值观（Espoused Beliefs and Values），即员工的理想、目标、价值观、愿望等意识形态；第三层是基本的潜在假设（Basic Underlying

1 田广，周大鸣编著 . 工商人类学通论 [M]. 北京：中国财政经济出版社 . 2013：134

2 Bate, S. Paul. Whatever Happened to Organizational Authropology? A Review of the Field of Organizational Ethnography and Anthropological Studies [J]. Human Relations. September 1997, Volume 50, Issue 9. 1147-1175

3 田广，周大鸣编著 . 工商人类学通论 [M]. 北京：中国财政经济出版社 . 2013：213

Assumptions)，即无意识的、被视为理所当然的信仰和价值观，它决定着组织成员的行为、感知、思想和感觉。[1]

我们的研究根据沙因的分层，主要关注企业组织文化的第一和第二层面，按照其特征将其归纳为显性的和隐性的组织文化（见图 6-1）。

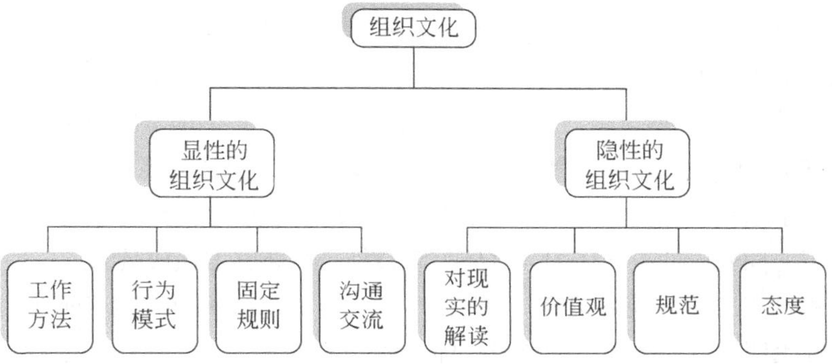

图 6-1　企业组织文化结构示意图

庄孔韶等指出，组织文化研究是以"文化是组织成员的共识"为前提的，随着现代大型跨国、跨文化组织的出现，这种预设与组织内部呈现越来越多的文化差异性和多样性不符。[2] 对跨国企业来说，它的管理活动如计划和改革、组织和控制、招聘和遴选人员、评估和奖惩、沟通和交流等都受到企业所在地国家文化的影响，组织的模式和环境与大环境相协调后形成的企业文化又影响着企业中的组织成员在组织内外的行为举止。

根据莱特（Wright）的观点，在组织研究中可以从四个角度解读"文化概念"：首先，文化用于解释生产流程或服务网点分布在全球的公司的问题，每个分公司都处于不同的"民族文化"中；其次，文化的概念适用于管理层将不同种族的人融入一个企业的尝试；第三，它可能意味着员工非正式的"概念、态度和价值观"；最后，"企业文化"可以用来描述管理层强加给员工的组织价值观和实践，管理者将其作为"黏合剂"来保证员工的团结，使得企业能够适应快速的变化和全球化竞争。[3]

1　Schein, Edgar H. Organizational Culture and Leadership. 4. Edition [M]. San Francisco: John Wiley & Sons, Inc. 2010: 23-33

2　庄孔韶，方静文 . 从组织文化到作为文化的组织——一支人类学研究团队的学理线索 [J]. 浙江大学学报（人文社会科学版）. 2012 年 . 第 42 卷（5）：18-27

3　Wright, Susan. Anthropology of Organizations [M]. London and New York: Routledge. 1994: 2

正如“文化协同”概念的提出者阿德勒（Adler）指出的那样，全球化组织包含文化的相似性和文化的差异性，我们既不应漠视文化的多样性，也不该减少文化的多样性，而应该把它视为设计和发展组织系统的资源，这一理念符合文化协同的管理方法。[1] 文化协同效应是多元文化团队追求的目标，学界对此主题的研究也由来已久。柯林斯（Collins）和格兹考（Guetzkow）早在 1964 年就提出衡量一个群体是否达到协同效应要同时满足两个条件：第一，群体的生产力水平超过最有能力的群体成员的潜力；第二，群体的生产力水平超过任何成员分开工作的效果的总和。[2] 西方学者按照这一标准对跨文化工作团队的表现进行了考察，20 世纪 90 年代以前的调查显示大部分的跨文化工作团队只能满足第一个条件，即生产力水平高于最有能力的成员水平。从 20 世纪 90 年代开始，越来越多的研究证实了协同效应的正面作用。具体表现包括团队能够增强成员的工作动力，这反过来推动了工作表现的提高。[3] 威廉姆斯（Williams）和卡拉（Karau）的社会补偿研究表明团队成员能力的差异可能刺激能力较强的成员进一步改善他们的表现。[4] 维特（Witte）则指出差异有助改善能力较差的成员的表现。[5]

对企业中的管理者和员工来说，跨文化的组织意味着要与来自不同文化的上级、下属、同事、客户、企业和公共合作伙伴合作。此外跨国企业进入异文化后，原有的组织文化必须适应目的国的大文化环境，包括该国的国家文化价值、商业管理方式、当地员工的工作伦理、政府和客户等外部因素的要求等等，这就要求企业能够形成一种能够自我调节、适应跨文化现实的新的组织文化。对于能否通过主动的干预影响组织文化，学界存在争议。威尔格（Welge）等指出，所谓的“文化工程师”认为组织文化与其他管理工具一样可以根据需要使用，并按计划对其进行调整，“文化主义者”则认为组织文化是一个有机发展的世界，它不受有意

1 阿德勒（著），杨晓燕（主译），国际组织行为 [M]. 北京：北京大学出版社 . 2004: 78

2 Collins, B. E., & Guetzkow, H. A social psychology of group processes for decision-making [M]. New York: John Wiley & Sons. 1964: 58

3 Stroebe, W., Diehl, M., & Abakoumkin, G.. Social compensation and the Kohler effect: Toward a theoretical explanation of motivation gains in group productivity [A]. In E. Witte & J. H. Davis (Eds.), Understanding group behavior. Vol. 2: Small group processes and interpersonal relations. Mahwah, NJ: Lawrence Erlbaum. 1996: 37-65

4 Williams, K. D., & Karau, S. J. 1991. Social loafing and social compensation: The effects of expectations of co-worker performance. Journal of Personality and Social Psychology, 61, 1991: 570-581

5 Witte, E. H.. Kohler rediscovered: The anti-Ringelmann effect [J]. European Journal of Social Psychology, 19, 1989: 147-154

的干预影响并会对影响产生无法预料的反应。[1]我们认为，企业可以通过主动的管理手段影响企业的组织文化，促进文化协同的产生。在此过程中必须同时注意干预和建设显性和隐性的组织文化，因为它们是不可分割的两个部分，显性的企业文化反映了企业的价值观和员工对组织的看法，对显性文化的调整和适应又会反过来影响隐性的企业文化。

显性的组织文化建设表现为通过可见的管理手段组织和管理企业的运作和员工的行为。从本章的分析中可以看出，德资企业通过制定有效的规章制度，对工作任务进行合理分配，充分发挥不同文化员工的优势，可以提高企业的效率和绩效。此外必须考虑中国子公司与德国母公司间的组织文化的相互协作，同样重要的是隐性的组织文化建设，包括传递企业的价值观，促使员工形成积极的工作态度等方面。我们的研究表明，企业通过组织工余活动和提供跨文化培训，可以增进不同文化员工间的相互理解和信任，认同企业文化，提高员工的忠诚度。在企业的文化适应过程中，只有形成有利于文化协同的组织文化，企业才有可能取得成功。

第三节　小　结

摩根（Morgan）总结了关于组织的八种隐喻，并指出将文化作为根隐喻，则组织文化不再是可以被托管、设计和制造的东西，它是鲜活的、进化的、自我组织的现实，能够进行塑造和再塑造，但不是通过一种绝对的方式。他认为组织的改变过程传统上一直被概念化地认为是技术、结构和员工能力改变的结果，但有效的改变还依赖于对指导行动的比喻意象和价值的改变。[2]我们赞同这一观点，认为德资企业的组织文化建设要同时考虑其显性和隐性的两方面要素，既从企业的组织管理、规章制度方面为中德两国员工提供统一的行为标准，保证他们的无间合作，又要向员工传递有利于实现文化协同的价值观。

德资企业通过显性和隐性组织文化的建设，帮助中德两国员工在合作中识别和发挥两种组织文化各自的优势，从而产生第三种组织文化。新的组织文化并

1　Welge, Martin K. & Holtbrügge, Dirk. Organisatorische Bedingungen des interkulturellen Managements [A]. In: Bergemann, Niels & Sourisseaux, Andreas L. J. (Hrgs). Interkulturelles Management. Dritte, vollständig überarbeitete und erweiterte Auflage. Berlin, Heidelberg: Springer-Verlag. 2003: 15

2　Morgan, Gareth. Some Images of Organization. Updated edition [M]. California, London, New Delhi: Sage Publications. 2006: 140-148

非两种文化的结合，而是形成一个全新的、充满活力的动态过程，它为企业带来新的工作方法、行为模式、价值观和态度，既能适应企业在中国发展的需求，又能与德国母公司的组织文化相匹配，这就是文化协同在群体层面发挥作用的最佳状态。

第七章

个人因素

人力资源是企业绩效和企业成功的关键，数量充足且高质量的人力资本投入是实现企业战略的必要条件，而员工的积极性、满意度等都对企业绩效和企业成功起着关键性作用。本章我们将重点考察德资企业员工的人格对其个人文化适应和企业文化协同的影响。

第一节 文化智商

文化智商又被叫作文化智力，最早提出这一概念的是厄尔利（Earley）和洪洵（Soon），他们把文化智商定义为一个人在新的文化背景下收集和处理信息、做出判断并采取相应的有效措施以适应新文化的能力。[1] 他们主要研究个体提升文化感知的策略以及受到个人特定文化驱动的行为。研究表明利用知识和审美差异来引导反应有助在商业领域提升文化智商。托马斯（Thomas）和因克森（Inkson）认为文化智商是由文化知识、对跨文化情景的敏感性及全方位应对的行为技能组成的适应跨文化的能力或者潜能，他们指出个体通过学习能够在文化角度上变得更加聪明。[2] 彼得森（Peterson）将文化智商定义为使用技能（如语言或人际交往能力）和品质（例如容忍不确定性和灵活性）以适应交往对象持有的、基于文化的价值观和态度的行为能力。[3] 从这些学者的定义可以看出，文化智商的本质是人们与来自其他文化的人交往时适应新文化的能力，它帮助人们准确理

1 Earley, Christopher & Soon, Ang. Cultural Intelligence: Individual Interactions Across Cultures [M]. Stanford, CA: Stanford University Press. 2003

2 Thomas, David C & Inkson, Kerr. Cultural Intelligence: People Skills for Global Business[M]. San Fransisco, CA: Berrett-Koehler Publischers, Inc. 2004

3 Peterson, Brooks. Cultural Intelligence. A Guide to Working with People from Other Cultures [M]. Yarmouth, Maine: Intercultural Press, Inc. 2004: 89

解新的文化环境并作出得体的反应。我们认为，个体发生跨文化接触之前的知识和能力储备会影响个体在异文化环境中表现出的文化智商，在跨文化环境中的跨文化学习能力则决定了他是否能够进一步提升自己的文化智商。

一、知识和能力储备

随着全球化的发展趋势，人们越来越容易接触到其他国家的文化，手段也越来越多样化，短期的出国旅行、语言兴趣班、电视网络等媒体，都为我们提供了了解其他文化的渠道。但这些一般性的信息对文化适应的作用毕竟有限，我们认为对文化智商有决定性意义的是个体的跨文化经历。

早期许多外资企业喜欢雇佣华裔德国人担任管理职务，新加坡等地的华人也备受青睐，原因就在于这些人都经历了多元文化背景下的成长过程。就目前的情况来看，许多德资企业的中德两国员工都有在国外学习或工作的经验。从我们的调查可以看出，有这类经验的人更加容易适应多元文化团队的工作环境。许多德国经理认为有留学背景的中国员工工作方式更加接近德国人，更符合他们的预期，就事论事的工作态度也更有效率。此外，外语知识也是跨文化智商的一个重要部分，学习外语的人在学习过程中更加关注对象国的文化，也更加有文化敏感性，这能帮助他们在跨文化交往中迅速调整策略，减少适应的困难。

二、跨文化学习能力

托马斯（Thomas）认为跨文化学习是指一个人与另一种文化的人交往时，努力理解他们的感知、思维和行为的特定导向系统，将其融入自我文化的导向系统并应用于外国文化领域中的思维和行动。[1] 从这个定义中可以看出，跨文化学习除了理解外国文化的导向系统外，还需要反思自我文化的导向系统。根据跨文化学习的质量可以将它分为几个不同的层次，从相对简单的异国文化知识的扩展，到学习东道国合作伙伴的认知导向，再到具备在东道国进行跨文化学习的能力，最后掌握迅速适应异文化条件的策略。托马斯认为只有当个体实现了差异文化中导向系统的有效综合，能够在自己和异国文化中毫无障碍地行动时，才说明跨文化学习已经成功。

许多中国员工在评价德国文化与德国人的时候，也会对自己的文化进行反思，

---

1 Thomas, Alexander. Lernen und interkulturelles Lernen[A]. In: Wierlach, Alois & Bogner, Andrea (Hrgs). Handbuch interkulturelle Germanistik. Stuttgart, Weimar: Metzler. 2003: 281

重新审视自己已经习以为常的价值观和行为准则等，这一方面帮助他们更好地理解德国上司和同事的想法和做法，同时也促使他们改变自己的固有观念，调整自己的行为，这是跨文化能力培养的重要组成部分。

厄尔利（Earley）和莫萨科夫斯基（Mosakowski）的研究表明，有更高文化智商的人与低文化智商的人相比能够更好、更成功地融入任何环境，运用更有效的商业策略。[1]我们认为企业可以采取措施帮助员工提升文化智商，例如为员工创造跨文化接触的环境，通过跨文化培训等手段帮助员工更好地理解跨文化现象，通过激励机制鼓励员工等。员工的学习能力、思辨能力及合作能力是企业健康发展的重要前提。

第二节　主观态度

态度指人们对一定对象相对稳定、内部制约化的心理反应倾向。人在社会化的过程中受到社会环境诸方面的影响，积累了经验，产生并形成了意识，情感得以丰富，认识水平不断提高，就形成了态度。[2]态度不是天生的，而是在长期的生活、教育和社会实践中逐渐形成的，是一个从无到有、从简单到复杂、从不稳定到稳定的过程。

凯尔曼（Kelman）认为重大的态度变化必须发生在行动中，采取行动的需要、行动产生的经验以及行动的后果往往为态度转变创造了机会和必要性。[3]他对态度的变化进行了量的和质的研究，指出态度的形成可经历服从、认同和内化三个过程。服从是个体为了得到报酬或避免惩罚在表面上持有某种态度；认同是个体与其他个体或群体取得一致而自愿接受某种态度；内化则是真正把某种态度纳入自己的价值体系。

王义桅等经过调查发现，虽然中德两国经贸关系密切，政治、文化交流深入，但两国国民对对方的好感度却呈现不对称性。中国民众对德国的好感度持续保持较高水平，德国国民对中国的国家形象评价却比较低，且呈现持续下降态势，德

1　Earley, Christopher & Mosakowski, Elaine. Cultural Intelligence [J]. Harvard Business Review, issue of October 2004: 139-146

2　石伟 . 组织文化（第二版）[M]. 上海：复旦大学出版社 . 2010：147

3　Kelman, Herbert C. & Fisher, Ronald, J. (Editors). Herbert C. Kelman: A Pioneer in the Social Psychology of Conflict Analysis and Resolution. Cham: Springer International Publishing AG. 2016: 23-24

国人甚至是欧洲大国里对华看法最为负面的。[1] 根据皮尤（Pew）公司对国家形象的调查结果，2017 年仅有 34% 的德国人表示对中国有好感，53% 的民众表示对中国没有好感。[2] 王义桅认为造成这种情况的原因包括德国人不认可中国的发展模式，两国经济合作带来了分歧与纠纷，以及德国民众以文明模式和文化差异为根据的价值判断。随着两国政治、经济、文化交流日益频繁，加上网络技术的迅速发展，德国普通民众对中国的了解逐步加深，但从近年来的统计数据来看，德国人心目中的中国国家形象不升反降，这与德国媒体对中国政治事件、社会问题、环境问题等的报道明显增多有很大关系。从研究者的经验可以看出，德国媒体所呈现的中国形象总体较为负面，但这并非由于德国媒体有意针对中国，而是德国人民族性格和政治文化的体现，即使与其他欧洲国家相比，德国人对本国政府和其他国家持批评态度的比例都相对较高。

大部分德资企业的管理者和员工对中国和中国人的看法都是根据图书、电影、新闻报道等二手资料形成的，因此难免有所偏颇。根据我们的调查，大部分德国外派员工进入中国前都对中国的实际情况缺乏了解，甚至对基本生活条件是否令人满意都存有疑虑，对于中国员工或同事的能力、品格也有负面的预期。这些深受刻板印象影响的认知不利于他们的文化适应。与德国人相反，中国人对德国文化、德国企业普遍评价很高，这影响了他们对德国人的总体判断，大部分人在与德国人接触之前都对对方有较高的预期，因此一旦德国人在合作中出现与期望不相符的反应，中国员工往往会感到失望。中德两国员工不对称的预期决定了跨文化接触真正发生时必须以宽容、尊重的态度面对差异。

一、宽容

雷曼（Lehmann）等的研究表明，多元文化会使团队成员更加宽容。他们会预计到来自其他文化背景的成员与自己不同的行为方式，为他人留下更多的空间，这会提高员工工作中的宽容度，甚至对本国员工也是如此。[3] 许多研究都表明多元文化团队更有创造力，这正是因为彼此宽容的态度使成员更加敢于说出自己的想法，更仔细地倾听别人的声音，更认真地考虑非常规的想法，不会将与自

1 王义桅，李燕燕. 国交之缘何民不亲——中德经济依存与民众好感度的非对称性分析 [J]. 德国研究. 2015（3）：16-30

2 Pew Research Center. Opinion of China [EB/OL]. [2019-03-17] http://www.pewglobal.org/database/indicator/24/

3 Lehmann, Ralph & van den Bergh, Samuel. Internationale Crews: Chance und Herausforderung[J/OL] in: IO Management: das Schweizer Magazin für Wissenstransfer und Führungskräfte

己不同的团队成员轻易地排除在外。从结果来看，他们更加愿意接受与自己不同的看法和行为，并更愿意对自己的价值观和行为模式进行调整。

德资企业的管理从多个层面促进了中德两国员工的相互包容。从制度上，企业提供了良好的沟通渠道，定期会议的制度保证了信息的沟通和平等的交流；从管理风格上，德国管理者一般都重视倾听员工的意见，基本不会采用“一言堂”式的管理风格。一旦宽容的态度得到了内化，也会对德国员工之间、中国员工之间的合作带来积极的影响。

二、尊重

在人际交往中，尊重是所有行为主体都应当具备的态度，对于参与跨文化沟通和合作来说更是如此。

许多中国员工都在访谈中提到了德国上司非常尊重员工，这表现为他们面对员工时没有架子，在他们眼中即使一名普通员工也是自己的合作伙伴，因此他们平等对待员工，充分理解他们在工作中遇到的困难，并适时地提供帮助。

两名德国受访者在形容自己的工作和生活环境时不约而同地使用了“客人”一词来描述自己的身份。在他们看来，作为少数群体进入中国社会环境后，他们必须尊重大多数人的行为规范和价值观，仅仅在得到许可的范围内提出自己的看法供中国同事参考。“求同存异”的原则在中德双方员工的交际实践的多个方面得到了贯彻。

当然，在两国员工的合作中也存在因为缺乏尊重带来的障碍。少数德国员工出于对中国同事技术能力的不信任，表现得傲慢无礼，对其他同事的看法置之不理。事实证明即使他们技术能力突出，也无法在合作中取得良好的效果。

第三节　适应性格

金（Kim）对移民等长期定居者的长期跨文化适应过程进行研究，认为移民的适应性格（adaptive personality）特征在个人对新经历的成功追寻和回应中起着核心作用。[1] 她定义了三种主要的适应性格特征：开放性（openness）、坚韧性

1　Kim, Young Yun. Becoming Intercultural. An Integrative Theory of Communication and Cross-Cultural Adaptation. Thousand Oaks, London, New Delhi: Sage Publications, Inc. 2000: 172-180 （strength）和积极性（positivity）。虽然金的研究针对的是移民等长期定居者，但我们认为这三种适应性格对短期外派员工的文化适应同样具有重要意义。对德资企业的中国员工来说，是否具备这些品质也决定了他们的文化适应水平。

一、开放性

开放性是指接受新信息并将对环境变化的抵触倾向降低到最小的心理倾向。在日常生活中，这种性格的人更加愿意尝试和接受新事物。

从许多德国外派员工的兴趣爱好中可以察觉这种性格特质，例如他们喜欢到不同国家去旅行，结识不同文化的朋友等。作为德资企业的一员，如果这些员工来到中国时能够保持开放的心态，不受刻板印象的干扰，必然能够更容易地与中国的同事、客户等建立联系，更愿意学习和接受新的处事方法，对文化适应大有裨益。

对中国员工来说，德国企业的工作方式和德国上司或同事的行为举止等存在差异，会带来文化冲击，以何种态度去面对这些差异决定着合作的效果。从我们的调查来看，许多德国管理者认为中国员工最突出的优点之一就是他们愿意尝试和接受新事物，这为文化协同提供了良好的条件。

二、坚韧性

按照金的定义，坚韧性是指消化来自环境的"冲击"，在自身受损不严重的情况下将冲击反弹回去的心理社会能力。性格坚强的人更加达观、敢于冒险，也更加善于控制自己，性格不坚强的人面对不确定情况时则感到害羞、恐惧和忧伤。

按照德资企业的职位分配情况，德国人一般担任管理职务，中国员工与德国上司相处时会感受到更大的压力。如果性格过于胆怯而不敢表达自己，既不利于个人的职业发展，也会使得文化协同的潜力得不到发挥，因此员工必须克服自己的不足，锻炼沟通能力，其中包括提升自己的外语水平。

三、积极性

积极性指一种肯定和乐观的态度，或是挑战负面预言的心理社会能力。具有积极性格的人一般能更好地承受压力，坚信事情会转向他们期待的方向发展。积极性格鼓励人们排除差异，接受别人，并且呈现出自信的状态。

对企业的员工来说，积极的性格使他们勇于承担责任，也就获得了提升自己的机会。此外在与异文化成员的交往中，积极性格带来的自信也非常重要。

文化适应问题从20世纪初开始引起心理学家、人类学家的关注，许多中外学者以量的或质的研究为基础，总结了影响人们在跨文化接触中的文化适应的因素。陈慧等把这些因素总结为内部因素和外部因素两大类，其中外部因素包括生活变化、社会支持、旅居时间、文化距离、歧视与偏见等；内部因素则包括认知评价方式、应对方式、人格、与文化相关的知识与技能、人口统计学因素等。[1]现有的文化适应绝大部分是针对移民、留学生、外派员工等进入异文化环境的群体，本书则同时关注德资企业外派员工和本地员工、甚至是母公司员工在工作中发生文化适应和文化协同的情况。研究表明，影响企业员工文化适应的内部因素包括文化智商、主观态度和适应性格三个方面。

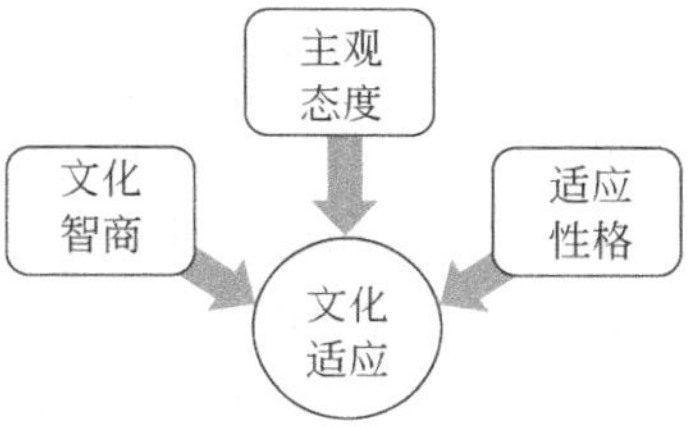

图 7-1 影响企业员工文化适应的个人因素

人格是个人相对稳定、比较重要的心理特征总和，包括个人的能力、气质、兴趣、爱好和倾向性等。心理学中从两个角度考虑“人格”。从第一个角度来看，人格将某个人与其他人区分开来的，构成了他自己的个性。第二个角度则试图描述人类所有个体的共同“本质”。[2]不同学者提出了进行人格研究的不同理论，如奥尔波特（Allport）、卡特尔（Cattell）、艾森格（Eysenck）等提出的人格特质理论，其中以麦克雷（McCrea）和科斯塔（Costa）提出的五因素模型最为著名。[3]他们编制的“大五人格量表”被广泛运用于人格的文化比较研究，其内容包括外向性（extraversion）、宜人性（agreeableness）、尽责性（conscientiousness）、神经性（Neuroticism ）和开放性（openness）。[4]通常认为人格是一种惯常行为，在不同的情况下，人们反应定式的差异形成了个人不同的个性特征，并且具有可预

1 陈慧，车宏生，朱敏．跨文化适应影响因素研究述评 [J]. 心理科学进展 . 2003 年，11（6）：704-780

2 Helfrich, Hede. Kulturvergleichende Psychologie [M]. Wiesbaden: Springer Fachmedien Wiesbaden. 2013: 137

3 参见赵旭艳．文化智力对跨文化团队成员人格特质与工作绩效的中介作用研究 [D]. 东北大学硕士学位论文 . 2012：10-14

4 McCrea, Robert R. & Costa, Jr. Paul T. Personality in Adulthood. Second Edition [M]. New York, London: the Guilford Press. 2003: 184-200

测性。因此一些企业在甄选员工时会用心理测试选拔和使用人才。这不仅节约了企业的时间和精力，还能高效地将合适的人与适合的岗位进行分配，使人的才能得到最大限度发挥。

对德资企业来说，从选拔员工开始就需要考虑他们是否具备在跨文化环境下工作的人格特质，并帮助他们在工作中充分发挥和进一步发展有利于文化适应的特质。

第四节　小　结

跨文化团队中文化协同的产生不仅以外部文化和组织文化的适应为前提，还必须实现个人层面的文化协同，企业中的每个员工，都直接参与了文化适应的过程，是文化协同作用的参与者、评价者和作用对象。

孔夫子言：性相近，习相远。虽然人类的本质是相似的，但每个个体的能力、性格都千差万别。对企业来说，员工的专业能力固然重要，但沟通能力、学习能力等其他软能力同样不可或缺。尤其对跨国企业来说，多元文化的工作环境要求员工必须拥有文化智商、良好的合作态度和有利于文化适应的性格，才能保证文化协同的实现。

我们的分析表明，文化智商、主观态度和适应性格之间有密不可分的关系。一个态度不开放、不愿意接受新鲜事物的人，不可能主动进行跨文化学习来提升自己的文化智商；性格不坚韧的人，在遇到文化冲击时则难以用宽容的态度对待与自己价值观相异的合作伙伴。这三者同时作用，决定着个体在接触到异文化时采取何种策略应对。具体到德资企业的工作场景，中德两国员工的文化智商决定了他们在接触异文化时是否有能力理解新的文化环境，并作出适当的反应；是否能以宽容、尊重的态度面对来自不同文化的工作伙伴对员工的工作效果有重要的意义；此外员工的开放性、坚韧性和积极性适应性格利于他们的文化适应。

企业在选拔和招聘员工时，除了考虑员工的学历、专业等硬指标，还应对员工的跨文化能力进行考查。从我们的调查来看，德资企业十分重视对员工文化智商的培养，这为跨文化团队的良好运作奠定了基础。

第八章 结　语

经济全球化的浪潮席卷全球，世界各国间的经济和贸易往来日益增长。改革开放以来，大批德资企业进入中国，德国成为欧盟直接对华投资最多的国家。在德资企业的发展过程中，中德两种文化在企业这一特定的情境下发生碰撞，使得在华德资企业逐步形成特殊的经营管理方式和理念。现有的跨文化管理研究主要关注文化差异带来的弊端，针对多元文化所带来优势的研究不多，因此本书试图通过考察在华德资企业的实践，分析文化适应和文化协同在企业中如何实现。

为此本书采用质的研究方法，对德资企业的中国员工和德国员工进行半结构化访谈，并辅以参与式观察。按照扎根理论的方法对研究资料进行分析后，我们从纵向和横向两个角度描述了德资企业内部和外部文化适应的情况，并对文化适应的动态过程进行了分析。纵向分析中，我们选取了一家在华经营超过20年的大型德资企业作为个案分析的对象，追踪了其发展过程中，尤其是本土化过程中为适应中国特定的文化环境所作出的调整。通过对调查对象适应情况的横向分析，我们总结了德资企业内部和外部文化适应的情况，发现以下主要特点：

第一，德资企业内部的文化适应主要涉及企业的组织与等级、人力资源管理、沟通与交流、计划与流程等多个方面。企业的横向结构方面，德资企业大多通过管理人员的本土化变革充分利用两国管理者的不同优势，德国外派员工一般在技术部门发挥重要作用，市场、人事等部门则由中国管理者负责。纵向结构方面，德资企业的等级划分清晰明了，这有利于企业的高效运作。在调查中我们发现中德员工的等级观念并未呈现显著差异，双方在工作过程中均严格遵守与等级挂钩的权责划分。在人力资源管理方面，德资企业非常重视对员工的培训，培训内容既包括生产技术等硬实力的提升，也重视员工的沟通、管理、跨文化等多种软实力。德资企业的管理较为人性化，倾向于使用宽松的手段激励员工。为了保证企业内部的顺畅沟通，定期会议制度和电子邮件的广泛利用扮演了重要的角色，符合西方现代管理理念的沟通方式占主导地位，中国员工会有意识地向德国人的沟通习惯靠拢。计划性强和注重流程是德资企业的普遍特点，但它们的缺点是容易造成资源的浪费和效率低下，为此部分德资企业会对任务分配进行相应的调整。

第二，企业的外部文化适应与营商环境和合作伙伴密切相关。政府部门的决策和执政能力影响着德资企业的文化适应，企业会通过商会等组织主动寻求与政府部门建立更好的合作关系。此外为了满足市场的需求，德资企业会对其产品、服务进行调整，并设法改进服务态度、采用合理的定价政策，以期获得产品和服务质量之外的竞争力。与母公司的关系方面，德国母公司的技术、管理经验和品牌等能为在华子公司的发展提供强有力的支持，但需要在母公司的控制和子公司的自主发展间找到平衡。在与客户的交往中，德国管理者态度较为开放，愿意遵循中国文化的行为规范，即使他们无法理解或认同某些做法，也会从企业发展的大局出发，做出适应中国文化的反应。

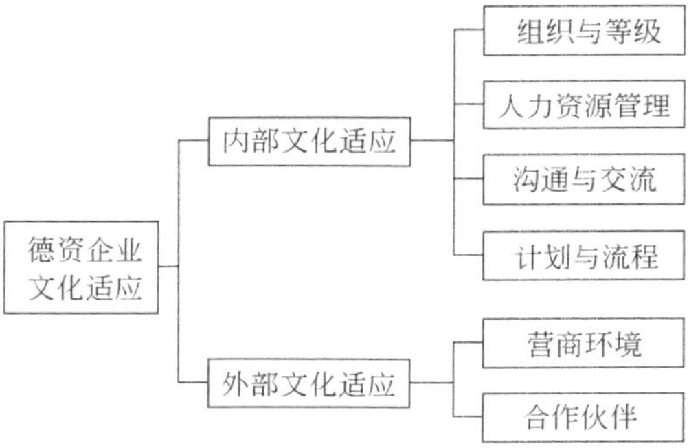

图 8-1　德资企业文化适应结构图

按照莫兰（Moran）的定义，文化协同是一个充满活力的过程，适应与学习是它的组成部分。[1] 我们认为企业的文化适应是一个动态的过程，是德资企业取得成功的必要条件，而文化协同是文化适应的最佳结果。充分发挥文化多样性的优势、实现文化协同是处于多元文化情境中的德资企业致力追求的目标。德资企业的文化适应受到内部和外部多种因素的影响，企业和员工如何根据企业这一特定文化情境的具体情况对自己的行为和认知进行调整，决定着文化适应的效果，即是否能最终实现文化协同。在深入分析文化适应动态过程的基础上，我们尝试

1　Moran, Robert T. & Harris, Philip R. & Moran, Sarah V. Managing Cultural Differences: Global Leadership Strategies for the 21. Century, Seventh Edition [M]. Burlington, Oxford: Elsevier Inc. 2007: 229

提出德资企业文化协同的影响因素模型，并分析企业和个人的哪些策略有利于实现文化协同。主要观点如下：

（一）中德文化标准影响文化协同的产生

在国家文化层面，中德两国文化在价值取向方面的差异客观存在。德国文化的事务导向和中国文化的关系导向在多位学者的文化维度理论中得到证实，但现有的研究主要强调中德两种文化在导向方面的差异。我们的研究表明，事务导向和关系导向在中德文化中的差异主要体现在社会交往的初始阶段，具体表现为中国人在开始交往时更加看重关系的建立，德国人则倾向于开门见山地就具体事务展开讨论。一旦社会交往进入更深入的阶段，事务导向和关系导向的差异程度明显减少，只在具体表现形式上有所区别，关系导向在中国文化中表现得更为明显，在德国文化中则更加隐蔽。在个体主义和集体主义维度中，我们提出了德国员工的集体利益导向和中国员工的个人发展导向两个新的文化标准，这与以往的研究结果恰好相反。具体体现为德国员工对企业的忠诚度高于中国员工，后者在职业生涯中更加看重个人价值的实现。我们认为出现新文化标准的根本原因是德资企业中国员工的价值观发生了变化，这既与中国政治、经济、社会发展的大环境有关，又受到德资企业中国员工的年龄、学历、跨文化经验等个人因素影响。

社会交往规则方面，德资企业的管理实践呈现了重视规则和低语境交流的鲜明特点，如制定细致的工作流程、讲究守时、重视书面语的交流等。尽管保持沉默以避免冲突和注重“面子”是典型的中国文化标准，但许多德资企业的中国员工通过文化适应，渐渐向德国管理者开门见山的交流风格靠拢，有效提高企业内部与外部沟通的效率。反之，德国文化标准中的重视规则在中国文化的大环境下可能带来劣势，因此德国管理者必须进行文化适应，向中国员工学习如何灵活变通，这也是文化协同的具体体现。

我们认为，与强调文化差异的文化维度理论相比，文化标准理论更加关注在具体行动领域中的个人行为，因此更加适用于文化现象的微观分析。文化标准的识别以两种文化的碰撞为前提，其作用并非对其他文化进行评价，而是为在互动情境中调整自己的行为提供参照。文化标准可以发生变化，其原因可能是国家政治、经济、社会条件的发展，也可能是由于文化适应的影响。这是因为在识别文化标准的过程中，与了解异文化同样重要的是对自己文化的反思。只有识别了自己文化传统中的规范和价值观，才能有意识地寻找与异文化的交往对象可以达成一致的要素，交际双方达成一致的价值观和行为规范后，反过来影响文化标准，使之发生变化。

（二）企业组织文化影响文化协同的产生

在组织层面，企业可以通过显性和隐性的企业文化建设为文化协同创造条件。通过企业的管理和制度建设，可以充分发挥多元文化团队的优势，包括根据中德两国员工的长处分配工作任务，实现人职匹配。同时来自不同文化成员之间思想的交流、工作方法的借鉴，包括团队内部的竞争都能激发企业的创新力和活力。为此企业应通过多种形式的团队活动和跨文化培训帮助员工克服跨文化交流中的障碍，为文化协同提供条件。隐性的企业文化建设包括促使员工通过长期的合作建立信任关系，并促使员工认同企业的价值观，从而保证不同文化成员间的良好合作，增强企业的凝聚力。

企业文化建设的最终目的是为来自不同文化的员工提供统一的行为规则和沟通模式，并确定统一的价值观。显性和隐性的企业文化相互影响，决定着文化适应的效果。显性的企业文化受到企业价值观的影响，决定着员工对企业的看法，对企业管理制度的调整会反过来影响隐性的企业文化。对在华德资企业来说，企业文化的建设必然受到中国文化环境的影响，企业的组织形式、价值观念等都要适应目的国大文化环境的要求，因此企业必须形成能够自我调节、适应新文化环境的全新组织文化，以充分发挥文化多样性的优势。这一全新的企业文化并非中德两种组织文化特征的简单组合，而是处于充满活力的动态过程之中，使得企业既能适应中国文化环境的需求，又能与母公司的企业文化相匹配。

（三）个人的文化智商、主观态度和适应性格影响文化协同的产生

在个体层面影响文化协同的因素包括员工的文化智商、主观态度和适应性格。其中文化智商受到员工跨文化经验的影响，并可以通过跨文化学习获得提升。中德员工在发生跨文化接触前的预期存在不对称性，德国员工对中国文化及中国

同事的看法普遍受到刻板印象的影响，而中国员工则对德国文化、德国人评价很高。预期与实际之间的差距可能给他们的文化适应造成了障碍，因此宽容和尊重的态度对于快速地调整交际策略至关重要。此外，员工是否具备开放、坚韧和积极的性格特征也决定了个体文化适应的结果。

按照心理学的研究结果，个体的能力、性格等人格特征是相对稳定的心理特征总和，它们是一种惯常行为，具有可预测性。因此德资企业在选拔员工的程序中不仅需要考虑员工的专业能力，还要将有利于文化协同的人格特质作为考查标准之一。

综上所述，在德资企业这一组织中，文化协同的产生受到国家文化、组织文化、个人人格三个层面的影响，每个层面又包含多个具体的要素。各个要素处于相互依存的关系，共同作用于文化适应的过程，决定着文化协同的效果。（如图 8-2 所示）

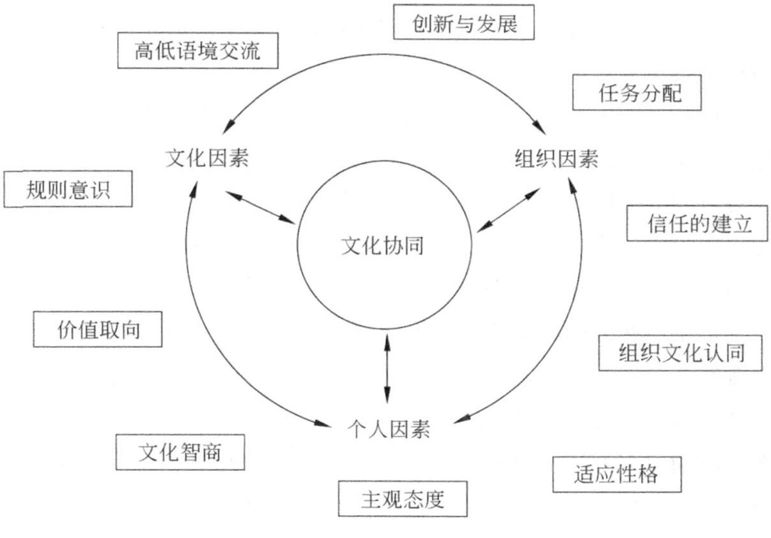

图 **8-2**　文化协同影响因素模型图

德资企业的文化适应是一个动态的发展过程，它并不意味着肯定一种文化而否定另一种，而是通过对自己文化的反思和对异文化的学习，使它们在独立运作和相互借鉴的基础上实现协同。文化协同涵盖了各种要素间的交互作用，其效果并非各个部分效果的简单相加，它既可能体现为量的变化，如企业实现更好的营业额、更高的效率，也可能体现为各个要素质的变化，例如创造力的提升、员工文化智商的进步等。总的来说，文化协同导致了新事物的产生，包括新的文化标准、新的企业文化和新的人格特质。

本书在以下几点进行了新的探索：

第一，研究方法上，本书以实地调查为基础，从微观层面全面揭示德资企业文化适应的具体情况。我们采用质的研究方法，注重倾听当事人的声音，力图真实地再现德资企业文化适应的真实场景。

第二，研究内容方面，我们不仅考察企业员工的个人文化适应，还同时关注企业的经营管理方面的适应，扩展了文化适应研究的内容。国内现有的文化适应研究主要关注留学生、移民等进入异文化环境的群体，对组织的文化适应研究多数仅从理论层面进行阐述，鲜有实证研究，本书以德资企业的管理实践为出发点，填补了针对组织的文化适应研究的空白。此外我们将文化适应视为双向的动态过程，认为在德资企业中的文化适应不仅涉及德国外派员工，同样发生在中国本土员工身上，因此同时针对这两个群体开展调查和研究。

第三，理论提升方面，本书按照扎根理论的原则对研究资料进行分析，不带任何先验性的理论假设，也不追求得到可推广的结论，有利于突破现有理论框架的束缚。我们结合前人研究探讨德资企业文化协同的影响因素，尝试提出了文化协同理论的本土化模型，并针对德资企业的管理提出了部分建议。

由于各方面的原因，本书仍存在一些局限和不足：

首先，本书采用质的研究方法，有利于呈现研究对象的复杂性，但我们主要采用“滚雪球”抽样的方法获得样本，因此难以对样本进行控制。此外本书以包括合资、独资企业在内的在华德资企业为研究对象，在对研究资料进行编码和分析时没有按照企业的类型对它们做进一步的细分，因此在研究结果中无法体现企业性质对文化适应和文化协同的影响。

其次，质的研究方法对研究者的敏感性提出了极高的要求，虽然我们通过前期的学习和培训尽量改进自己的访谈技巧，但由于研究者缺乏企业管理领域的知识储备，可能由于敏感性不足影响研究的结果。

最后，在理论提升部分，本文尝试以现有的跨文化管理、文化适应和文化协同理论为基础，分析影响文化协同实现的各个因素，构建企业文化协同的本土化理论。但在研究过程中，我们深感自己的理论水平有限，因此仅以分析现有研究资料得到的结果为基础，提出德资企业的文化协同影响因素模型，未能对各个因素之间的交互作用进行进一步的分析和验证。

总而言之，本书将企业的文化适应视为一个动态的过程，它既发生在企业管理的各个领域，又直接体现为中德两国员工对自己行为模式和价值观的调整。文化适应的目标是实现文化协同，它们都是在具体文化情境下发生的，受到国家、组织和个体层面多个因素的影响。我们提出了在华德资企业的文化协同的影响因素模型，尝试丰富文化协同研究的内涵。

参考文献

外文文献

1. Adler, Nancy J. & Gundersen, Allison. International Dimensions of Organizational Behavior[M] (5. Edition). Mason: Thomson South-Western. 2008
2. Adler, Nancy. International Dimensions of Organizational Behavior [M]. Boston: Kent. 1986
3. Albeck, Wolfgang Geschäftsmodellinnovationen für das mittlere Marktsegment. Eine empirische Untersuchung deutschsprachiger Maschinenbauunternehmen in China[M]. Wiesbaden: Springer Fachmedien. 2016
4. Arksey, Hilary & Knight, Peter. Interviewing for Social Scientists [M]. Thousand Oaks, London, New Delhi: SAGE Publications. 1999
5. Bate, S. Paul. Whatever Happened to Organizational Authropology? A Review of the Field of Organizational Ethnography and Anthropological Studies [J]. Human Relations. September 1997, Volume 50, Issue 9. 1147-1175
6. Berry, J. W. Acculturation[A]. In: Friedlmeier, W. & Characanrath, P.& Schwarz, B. (eds.). Cultural and Human Development – the Importance of Cross-cultural Research to the Social Sciences. NY: Psychology Press. 2005 : 298
7. Berry, J. W. Immigration, Acculturation and Adaptation [J]. Applied Psychology: An International Review, 1997, 46(1) : 5-68
8. Berry, J. W. Psychology of Acculturation: Understanding Individuals Moving between Cultures[A]. In Brislin R. W. (eds.). Applied Cross-Cultural Psychology. New York: Sage. 1990 : 232-253
9. Bittner, Andreas. Gemischtkulturelle Teams: Probleme und Lösungswege [EB/OL]. Institut für Interkulturelles Management GmbH. [2018-12-01] https://www.ifim.de

10. Bode, Alexander. Wettbewerbsvorteile durch international Wertschöpfung: eine empirische Untersuchung deutscher Unternehmer in China[M]. Wiesbaden: Gabler Fachverlag. 2009
11. Bortz, Jürgen & Döring, Nicola. Forschungsmethoden und Evaluation (2. Auflage) [M]. Berlin, Heidelberg: Springer-Verlag. 1995
12. Bosch, A. & Reichenbach, T. & Schmidt, G.. Organisationskulturen in Deutschland und China: Typische Problemlagen [A]. In: Böhn, Dieter & Bosch, Aida & Haas, Hans-Dieter & Kühlmann, Torsten & Schmidt, Gert (Hrsg.). Deutsche Unternehmen in China. Märkte, Partner, Strategien. Wiesbaden: Springer Fachmedien Wiesbaden. 2003 : 194-195
13. Brislin, R. W. Cross-cultural Encounters: Face to Face Interaction[M]. New York: Pergamon. 1981
14. Bruhn, Manfred. Marketing. Grundlagen für Studium und Praxis (11. Auflage) [M]. Wiesbaden: Springer Gabler. 2012
15. Buzzell, Robert D. & Gale, Bradley T. Das PIMS-Programm. Strategien und Unternehmenserfolg [M]. Wiesbaden: Springer Fachmedien Wiesbaden. 1989
16. Chung, Wai Keung & Hamilton, Gary. Social Logic as Business Logic: Guanxi, Trustworthiness and the Embeddedness of Chinese Business Practices [EB/OL]. [2019-03-05] https://ink.library.smu.edu.sg/cgi/viewcontent.cgi?article=1386&context=soss_research
17. Collins, B. E., & Guetzkow, H. A social psychology of group processes for decision-making [M]. New York: John Wiley & Sons. 1964
18. Correll J. & Park B. & Judd CM &Wittenbrink, B. The Police Officer's Dilemma: Using Ethnicity to Disambiguate Potentially Threatening Individuals[J]. Journal of Personality and Social Psychology 83(6), 2002 :1314-1329
19. Creswell, John W. Qualitative inquiry and research design: Choosing among five traditions. 2. Edition [M]. Thousand Oaks, London, New Delhi: SAGE Publications. 2007
20. Darmaputera, E. Pancasila: Identitas dan Modernitas – Tinjauan Etis dan Budaya [M]. Jakarta: BPK Gunung Mulia. 1987. 转引自：Tjitra, Hora W. Synergiepotenziale undinterkulturelle Probleme. Chancen und Herausforderungen am Beispiel deutsch-indonesischer Arbeitsgruppen. Wiesbaden: Deutscher Universitäts-Verlag. 2001
21. Davenport, Thomas H. Process innovation: reengineering work through information technology [M]. Boston, Massachusetts: Harvard Business School Press. 1993

22. Denzin, Norman K. & Lincoln, Yvonna S (Editors). The SAGE Handbook of Qualitative Research. Fifth Edition [M]. Los Angeles, London, New Delhi, Singapore, Washington DC, Melbourne: SAGE Publications, Inc. 2018
23. DUDEN Deutsches Universalwörterbuch[Z]. Mannheim /Leipzig /Wien /Zürich: Dudenverlag. 2001
24. Dunning, D. & Sherman, A. Stereotypes and Tacit Inference [A]. In: Hamilton, L. (Edt.) . Social Cognition. New York: Psychology Press. 2005 : 48-62
25. Earley, Christopher & Mosakowski, Elaine. Cultural Intelligence [J]. Harvard Business Review, issue of October 2004 : 139-146
26. Earley, Christopher & Soon, Ang. Cultural Intelligence: Individual Interactions Across Cultures [M]. Stanford, CA: Stanford University Press. 2003
27. Fechtner, Nina. Erfolgsfaktoren deutsch-chinesischer Wirtschaftskooperationen am Beispiel der Automobilindustrie [M]. Hamburg: Diplomica. 2006
28. Ferraro, Gary P. & Briody, Elizabeth K. The cultural dimension of global business. 7th ed.[M] New York: Routledge. 2016
29. Fiebrandt, Frank. Erfolgsfaktor Projektorganisation am Beispiel China [A]. In: Dietz, Karin (Hrsg.). Marktstrategien Asien-Pazifik. Orientierung – Erfolgsfaktoren – Erfahrungsberichte. Wiesbaden: Betriebswirtschaftlicher Verlag Dr. Th. Gabler GmbH. 2001 : 152-156
30. Geertz, Clifford. The Interpretation of Cultures[M]. New York, NY: Basic Books. 1973
31. Germany Trade & Invest. GTAI FDI REPORT 2021[R]. https://www.gtai.de/resource/blob/831688/91f7eaae22d9be48356c8d4b2c211af2/GTAI-FDI-Report-2021.pdf
32. Glaser, Barney G. & Strauss, Anselm L. Strategies for Qualitative Research [M]. New Brunswick, London: Aldine Transaction. 2006
33. Goold, M., & Campbell, A. Desperately seeking synergy [J]. Harvard Business Review, 76, 1998 : 131-143
34. Guba, Egan G. & Lincoln, Yvonna S. Paradigmatic Controversies, Contradictions and Emerging Confluences [A]. In Denzin, Norman K. &Lincoln, Yvonna S. The SAGE Handbook of Qualitative Research, third edition [M]. Thousand Oaks, CA: Sage Publications, Inc. 2005 : 191
35. Günthner, Susanne. Diskursstrategien in der interkulturellen Kommunikation. Analysen deutsch-chinesischer Gespräche [M]. Tübingen: Max Niemeyer Verlag. 1993

36. Hammersley, Martyn & Atkinson, Paul. Ethnography. Principles in practice, Third edition [M]. Taylor & Francis e-Library. 2007

37. Helfrich, Hede. Kulturvergleichende Psychologie [M]. Wiesbaden: Springer Fachmedien Wiesbaden. 2013

38. Henties, Christoph. Markteintrittsstrategien: Aufbau von Vertriebsorganisationen [A]. In: Dietz, Karin & Harnischfeger-Ksoll, Magdalena (Hrsg.). Erfahrungen im China-Geschäft. Erfolgsfaktoren, Perspektiven und Denkanstöße. Wiesbaden: Springer Fachmedien. 1998 : 75-82

39. Henze, Jürgen. Die Rolle von Vertrauen in sozialen Beziehungen – das Beispiel chinesischsprachiger Kulturräume [A]. In: Jammal, Elias (Hrsg.) Vertrauen im interkulturellen Kontext. Wiesbaden: VS Verlag für Sozialwissenschaften. 2008 : 196

40. Hofstede, Geert & Hofstede, Gert Jan & Minkov, Michael. Cultures and organizations: software of the mind: intercultural cooperation and its importance for survival [M]. New York: McGrawHill. 2010

41. Hofstede, Geert. Culture's Consequence: International Differences in Work Related Values[M]. Thousand Oaks, CA: Sage. 2001

42. Holtbrügge, Dirk & Puck, Jonas F. Geschäftserfolg in China. Strategien für den größten Markt der Welt (Zweite, überarbeitete und erweiterte Auflage) [M]. Berlin, Heidelberg: Springer-Verlag. 2008

43. International Organization for Migration. Key terms[N/OL]. [2018-12-28] https://www.iom.int/key-migration-terms.

44. Jahn, Judith. Kulturstandards im deutsch-französischen Management. Die Bedeutung unterschiedlicher Handlungs- und Verhaltensmuster von Deutschen und Franzosen [M]. Wiesbaden: Deutscher Universitats-Verlag. 2006

45. Jedrzejczyk, Paulina. Herausforderungen und Chancen interkultureller Teams Konflikt- und Synergiepotenziale der Zusammenarbeit zwischen Menschen aus unterschiedlichen Kulturen. In: Kristin Draheim, Kristin & Liebetanz, Franziska & Vogler-Lipp, Stefanie (Hrsg.). Schreiben(d) lernen im Team[M]. Wiesbaden: Verlag für Sozialwissenschaften | Springer Fachmedien. 2012

46. Kasperk, Garnet &Woywode, Michael& Kalmbach, Ralf. Erfolgreich in China. Strategien für die Automobilzulieferindustrie[M]. Berlin Heidelberg: Springer-Verlag. 2006

47. Kaufmann, Lutz & Panhans, Dirk & Poovan, Boney & Sobotka, Benedikt. China Champions. Wie deutsche Unternehmen den Standort China für ihre globale Strategie nutzen[M]. Wiesbaden: Betriebswirtschaftlicher Verlag Dr. Th. Gabler. 2005
48. Kelman, Herbert C. & Fisher, Ronald, J. (Editors). Herbert C. Kelman: A Pioneer in the Social Psychology of Conflict Analysis and Resolution[M]. Cham: Springer International Publishing AG. 2016
49. Keuper, Frank & Schunk, Henrik A. & Luu, Nha Thi. Internationalisierung deutscher kleiner und mittlerer Unternehmen in der VR China vor dem Hintergrund strategischer Erfolgsfaktoren und strategischer Erfolgspotenziale [A]. In: In: Keuper, Frank & Schunk, Henrik A. (Hrsg.) Internationalisierung deutscher Unternehmen. Strategien, Instrumente und Konzepte für de Mittelstand. (2. Auflage). Wiesbaden: Gabler Verlag. 2011 : 286
50. Kim, Young Yun. Becoming Intercultural. An Integrative Theory of Communicationand Cross-Cultural Adaptation[M]. Thousand Oaks, London, New Delhi: Sage Publications, Inc. 2000
51. King, Ambrose Yeo-chi. Kuan-hsi and Network Building: A Sociological Interpretation [J]. Daedalus 120 (2). 1991 : 109-126
52. Kluckhohn, Clyde. Culture and Behavior[A]. In Grahm Lindzey (ed.), Handbook of Social Psychology[C]. New York, NY: McGraw-Hill. 1951 : 921-976
53. Knapp, Karlfried. Interpersonale und interkulturelle Kommunikation [A]. In: Bergemann, Niels & Sourisseaux, Andreas L. J. (Hrsg.) Interkulturelles Management (dritte, vollständig überarbeitete und erweiterte Auflage). Berlin, Heidelberg: Springer Verlag. 2003 : 123-125
54. Kohl, Dirk & Löw, Markus. Der Mensch im Berufsleben – Kostenfaktor oder Erfolgsmotor? Strategisches Personalmanagement unter dem Einfluss der zunehmenden Globalisierung.[A]. In: Keuper, Frank & Schunk, Henrik A. (Hrsg.) Internationalisierung deutscher Unternehmen. Strategien, Instrumente und Konzepte für de Mittelstand. (2. Auflage). Wiesbaden: Gabler Verlag. 2011
55. Köppel, Petra. Konflikte und Synergien in multikulturellen Teams. Virtuelle und face-to-face-Kooperation[M]. Wiesbaden: Deutscher Universtiäts-Verlag. 2007
56. Köppel, Petra. Synergien in multikulturellen Arbeitsgruppen [J/OL]. Inerculture journal: Online-Zeitschrift für interkulturelle Studien 2. 2003(5) [2019-03-14] https://www.ssoar.info/ssoar/handle/document/45279

57. Kriz, Anton & Fang, Tony. Trust in Chinese relational networks: Moving from guanxi to xinren [EB/OL]. 2003. [2019-03-06] http://www.impgroup.org/uploads/papers/4369.pdf

58. Kroeber, A. L. & Kluckhohn, Glyde. Culture. a critical Review of Concepts and Definition[M]. Papers of the Peabody Museum of American Archaeology and Ethnology, Harvard University, Vol XLVII-No. 1. Cambridge, Massachusetts, USA. Published by the Museum. 1952

59. Lang, Reinhart & Baldauf, Nicole. Interkulturelles Management[M]. Wiesbaden: Spinger Fachmedien. 2016

60. Lehmann, Ralph & van den Bergh, Samuel. Internationale Crews: Chance und Herausforderung[J/OL] in: IO Management : das Schweizer Magazin für Wissenstransfer und Führungskräfte

61. Leven, Ingo. Wie ticken Jugendliche eigentlich? Die Zielgruppe – das unbekannte Wesen [EB/OL]. [2019-03-09] https://www.diakonie-bayern.de/fileadmin/user_upload/Kampagnen_Aktionen/1.Daten/Forum_2_II_Shell.pdf

62. von der Luhe, Detlef. Regional Headoffice als Brückenkopf für das Asiengeschäft [A]. In: Dietz, Karin (Hrsg.). Marktstrategien Asien-Pazifik. Orientierung – Erfolgsfaktoren – Erfahrungsberichte. Wiesbaden: Betriebswirtschaftlicher Verlag Dr. Th. Gabler GmbH. 2001 : 148

63. Ma, Xiaojuan & Becker, Florian. Business-Kultur in China. China-Expertise in Werten, Kultur und Kommunikation [M]. Wiesbaden: Springer Fachmedien. 2015

64. Malik, F. & Helsing, S.. Planungsmanagement [A]. In: Hofmann, Michael & von Rosenstiel, Lutz (Hrsg.) Funktionale Managementlehre. Berlin, Heidelberg: Springer-Verlag. 1988 : 178

65. Masuda T. & Nisbett, R.E. Culture and change blindness[J]. Cognitive Science 30(2). 2006 : 381-399

66. McCrea, Robert R. & Costa, Jr. Paul T. Personality in Adulthood. Second Edition [M]. New York, London: the Guilford Press. 2003

67. Micholka-Metsch, Jutta & Metsch, Marc-Christopher. Strategien für die deutsch-chinesische Geschäftsbeziehung. Erfolgreich verhandeln und Konflikte lösen[M]. Wiesbaden: Springer Fachmedien. 2015

68. Mintzberg, Henry. Mintzberg über Management [M]. Wiesbaden: Betriebswirtschaftlicher Verlag Dr. Tb. Gabler GmbH. 1991

69. Molz, M. Analyse kultureller Orientierung im deutsch-französischen Dialog [D]. Diplomarbeit der Universität Regensburg. 1994. 转引自梁杰．在华德国留学生文化适应策略与主观幸福感的关系研究 [D]. 浙江大学硕士学位论文．2010
70. Moran, Robert T. & Harris, Philip R. & Moran, Sarah V. Managing Cultural Differences: Global Leadership Strategies for the 21. Century, Seventh Edition [M]. Burlington, Oxford: Elsevier Inc. 2007
71. Morgan, Gareth. Some Images of Organization. Updated edition [M]. California, London, New Delhi: Sage Publications. 2006
72. Müller, Klaus. Vertrauen zwischen Fremden: zum Aufbau einer Joint-Venture-Culture in interkulturellen Verhandlungen [J]. In: Zeitschrift für Wirtschafts- und Unternehmensethik 10 (2009), 1. 79 [2018-09-10] http://nbnresolving.de/urn:nbn:de:0168-ssoar-401909
73. Müller, Stefan & Gelbrich, Katja. Interkulturelles Marketing[M]. München: Vahlen. 2004
74. Nass, Oliver. Interkulturelles Management in Südostasien aus der Sicht deutscher Unternehmen – unter besonderer Berücksichtigung von Singapur und Thailand[D]. Dissertation zur Erlangung des Grades Doktor der Wirtschaftswissenschaften, die Technische Universität Carola-Wilhelmina zu Braunschweig. 1998
75. Newstone, Miles & Brown, Rupert. Contact is not Enough: An Intergroup Perspective on the “Contact Hypothesis” [A]. In: Newstone, Miles & Brown, Rupert. Contact and Conflict in Intergroup Encounters. Oxford, New York, NY: Blackwell. 1986 : 1-44
76. Olbrich, Rainer & Battenfeld, Dirk. Preispolitik. Ein einführendes Lehr- und Übungsbuch (2., überarbeitete und erweiterte Auflage) [M]. Berlin, Heidelberg: Springer-Verlag. 2014
77. Peill-Schoeller, Patricia. Interkulturelles Management: Synergien in Joint Ventures zwischen China und deutschsprachigen Ländern[M]. Berlin, Heidelberg: Springer Verlag. 1994
78. Peterson, Brooks. Cultural Intelligence. A Guide to Working with People from Other Cultures [M]. Yarmouth, Maine: Intercultural Press, Inc. 2004
79. Pew Research Center. Opinion of China [EB/OL]. [2019-03-17] http://www.pewglobal.org/database/indicator/24/
80. Podsiadlowski, Astrid. Multikulturelle Arbeitsgruppen in Unternehmen. Bedingungen für erfolgreiche Zusammenarbeit am Beispiel deutscher

Unternehmen in Südostasien. Münchener Beiträge zur Interkulturellen Kommunikation[M]. Münster/New York/Berlin/München: Waxmann. 2002

81. Posth, Martin. Erfolgsfaktoren des Cross Cultural Management – Beispiel: Die Gemeinschaftsunternehmen von Volkswagen in China [A]. In: Dietz, Karin & Harnischfeger-Ksoll, Madgalena. Erfahrungen im China-Geschäft. Erfolgsfaktoren, Perspektiven und Denkanstöße. Wiesbaden: Springer Fachmedien Wiesbaden. 1998 : 155-158
82. Prüfungs- und Beratungsgesellschaft EY. Chinesische Unternehmenskäufe in Europa. [EB/OL]. [2022-06-19] https://assets.ey.com/content/dam/ey-sites/ey-com/de_de/noindex/ey-chinesische-investitionen-in-europa-2021-final.pdf?mkt_tok=NTIwLVJYUC0wMDMAAAGFE6NKE3DvMO2WBBREoPlMlcQV2zShilnkB3TWllaht4JUvvoTlWnEaakl13qsmpD-I6PkYrW9hD2rNBGDDMKfcRgHvy3x0c5vGOWOf0E2Ul8vKKU
83. Pye, Lucian. Chinese Commercial Negotiating Style [M]. Cambridge: Oelgeschlager, Gunn & Hain Publishers. 1982
84. Redfield, Robert & Linton, Ralf & Herskovits, Melville. Memorandum for the Study of Acculturation[J]. American Anthropologist. 1936(38) : 149-152
85. Sackmann, Sonja A. & Phillips, Margaret E. Contextual Influences on Culture Research: Shifting Assumptions for New Workplace Realities. International Jounal of Cross Cultural Management[J]. 2004, 4(3) : 270-290
86. Saunders, Mark & Lewis, Philip & Thornhill, Adrian. Research Methods for Business Students, Fourth Edition [M]. Essex: Pearson Education Limited. 2007
87. Schein, Edgar H. Organizational Culture and Leadership. 4. Edition [M]. San Francisco: John Wiley & Sons, Inc. 2010
88. Schroll-Machl, Sylvia. Die Deutschen – Wir Deutsche. Fremdwahrnehmung und Selbstsicht im Berufsleben. 2. Auflage [M]. Göttingen: Vandenhoeck & Ruprecht. 2003
89. Schumann, Siegfried. Quantitative und Qualitative empirische Forschung. Ein Diskussionsbeitrag [M]. Wiesbaden: Springer Fachmedien Wiesbaden GmbH. 2018
90. See Edwards, J. R. Person-job Fit: a Conceptual Integration, Liteature Review and Methodological Critique [J]. In: Coope, C. L. & Roberson, I. T. (Eds.). International Review of Industrial and Organizational Psychology. 1991(6) : 283-357
91. Die Shell-Jugendstudie.Wertekatalog. Wertorientierung 2010 und 2015 im Vergleich [EB/OL]. [2019-03-08] https://www.shell.de/ueber-uns/die-

shell-jugendstudie/multimediale-inhalte/_jcr_content/par/expandablelist/expandablesection.stream/1469779884844/889e38ca01785884ca4b819f5565027e55d93af9bf54b314bba0e82b38a1d274/shell-jugend-studie-jugendliche-wertorientierungen.pdf

92. Sillem, Ekkehart. Personalmarketing in China [A]. In: Dietz, Karin (Hrsg.). Marktstrategien Asien-Pazifik. Orientierung -Erfolgsfaktoren – Erfahrungsberichte. Wiesbaden: Betriebswirtschaftlicher Verlag Dr. Th. Gabler GmbH. 2001 : 221
93. Sohm, Stefanie & Linke, Bernd Michael & Klossek, Andreas. Chinesische Unternehmen in Deutschland. Chancen und Herausforderungen[EB/OL]. https://www.gtai.de/GTAI/Content/DE/Invest/_SharedDocs/Downloads/Extern/Studies/2009/chinesische-unternehmen-in-deutschland.pdf. 2019-03-10
94. Statisches Bundesamt. China. Statisches Länderprofil. Ausgabe 11, 2018. [DB/OL]. [2018-11-30] https://www.destatis.de/DE/ZahlenFakten/LaenderRegionen/Internationales/Staat/Profile/Laenderprofile/China.pdf?__blob=publicationFile
95. Statistisches Bundesamt. Gnensis-Online Datenbank[DB/OL]. [2018-11-30] https://www-genesis.destatis.de/genesis/online
96. Steers, Richard M. & Sanchez-Runde, Carlos J. & Nardon, Luciara. Management Across Cultures, Challenges and Strategies [M]. Cambridge University Press. 2010
97. Stroebe, W., Diehl, M., & Abakoumkin, G.. Social compensation and the Kohler effect: Toward a theoretical explanation of motivation gains in group productivity [A]. In E. Witte & J. H. Davis (Eds.), Understanding group behavior. Vol. 2: Small group processes and interpersonal relations. Mahwah, NJ: Lawrence Erlbaum. 1996 : 37-65
98. Stumpf, Siegfried & Zeutschel, Ulrich. Synery Effects in Multinational Work Groups: What We Know and What We don't Know [A]. In: Mendenhall, Mark E. & Kuhlmann, Torsten M. & Stahl, Gunter K.. Developing global business leaders: policies, processes, and innovations [C]. Westport, Connecticut • London: Quorum Books. 2001 : 179
99. Tang, Zailiang. Interkulturelle Qualifizierung von Expatriates für China [A]. In: Nippa, Michael (Hrsg.). Markterfolg in China. Erfahrungsberichte und Rahmenbedingungen. Berlin, Heidelberg: Springer Verlag. 2004 : 137
100. Teske, R. H. & Nelson, B. H.. Immigration, Acculturation and Assimilation: a Clarification[J]. American Ethnologist. 1974(1) : 351-367

101. Thomas, A. & Schenk, E. Abschlussarbeit zum Forschungsprojekt „Handlungswirksamkeit zentrale Kulturstandards in der Interaktion zwischen Deutschen und Chinesen"(unveröffentlicht). Regensburg. 1996

102. Thomas, A. & Kinast, Eva-Ulrike & Schroll-Machl, Sylvia (Hrsg.). Grundlagen und Praxisfelder. Handbuch Interkulturelle Kommunikation und Kooperation, Bd. 1 [M]. Göttingen: Vandenhoeck&Ruprecht. 2003

103. Thomas, Alexander & Kammhuber, Stefan & Schroll-Machl, Sylvia (Hrsg.) Handbuch Interkulturelle Kommunikation und Kooperation, Band 2, Länder, Kulturen und interkulturelle Berufstätigkeit[M]. Göttingen:Vandenhoeck & Ruprecht. 2003

104. Thomas, Alexander. Kultur als Orientierungssystem und Kulturstandards als Bauteile[DB/OL]. IMIS-Beiträge (10). 1999: 91-130. [2019-03-03] https://www.imis.uni-osnabrueck.de/fileadmin/4_Publikationen/PDFs/imis10.pdf

105. Thomas, Alexander. Lernen und interkulturelles Lernen[A]. In: Wierlach, Alois & Bogner, Andrea (Hrgs). Handbuch interkulturelle Germanistik. Stuttgart, Weimar: Metzler. 2003 : 281

106. Thomas, Alexander. Psychology of intercultural learning and action [A]. In: Thomas, Alexander (eds.): Cross-cultural psychology: an introduction. Göttingen: Hofgrefe, Verlag für Psychologie. 1993 : 377-424

107. Thomas, David C & Inkson, Kerr. Cultural Intelligence: People Skills for Global Business[M]. San Fransisco, CA: Berrett-Koehler Publischers, Inc. 2004

108. Tjitra, Hora W. Synergiepotenziale und interkulturelle Probleme. Chancen und Herausforderungen am Beispiel deutsch-indonesischer Arbeitsgruppen [M]. Wiesbaden: Deutscher Universitäts-Verlag. 2001

109. Trommdorff, Volker & Wilper Bernhard. Deutsch-chinesische Joint Ventures: Wirtschaft – Recht – Kultur[M]. Wiesbaden: Betriebswirtschaftlicher Verlag. 1991

110. Trompenaars, Fons and Hampden-Turner, Charles. Riding the Waves of Culture – Understanding Cultural Diversity in Business[M]. London: Nicholas Brealey Publishing Limited. 1998

111. Vermeer, Manuel. China.de: Was Sie wissen müssen, um mit Chinesen erfolgreich Geschäfte zu machen (2., überarbeitete Auflage) [M]. Wiesbaden: Betriebswirtschaftlicher Verlag Dr. Th. Gabler. 2007

112. Ward, Colleen. Acculturation[A]. In Landis, D /Bhagat, R. S.(Eds.). Handbook of Intercultural Training, 2. Edition, Thousand Oaks, CA: Sage. 1996 : 124-147

113. Welge, Martin K. & Holtbrügge, Dirk. Organisatorische Bedingungen des interkulturellen Managements [A]. In: Bergemann, Niels & Sourisseaux, Andreas L. J. (Hrgs). Interkulturelles Management. Dritte, vollständig überarbeitete und erweiterte Auflage. Berlin, Heidelberg: Springer-Verlag. 2003 : 15

114. Wengraf, Tom. Qualitative Research Interviewing Biographic Narrative and Semi-Structured Methods [M]. London. Thousand Oaks. New Delhi: SAGE Publications. 2001

115. Williams, K. D., & Karau, S. J. 1991. Social loafing and social compensation: The effects of expectations of co-worker performance[J]. Journal of Personality and Social Psychology, 61, 1991 : 570-581

116. Witte, E. H.. Kohler rediscovered: The anti-Ringelmann effect [J]. European Journal of Social Psychology, 19, 1989 : 147-154

117. Wright, Susan. Anthropology of Organizations [M]. London and New York: Routledge. 1994

118. Zeutschel, Ulrich. Interkulturelle Synergie auf dem Weg: Erkenntnisse aus deutsch/ U.S.-amerikanischen Problemlösegruppen[J]. Gruppendynamik & Organisationsberatung, Heft 2. 1999 : 132

119. Zeutschel, Ulrich. Synergy is not for free! Prozesse und Modelle der interkulturellen Teamentwicklung[A]. In: Kristin Draheim, Kristin & Liebetanz, Franziska & Vogler-Lipp, Stefanie (Hrsg.). Schreiben(d) lernen im Team[M]. Wiesbaden: Verlag für Sozialwissenschaften | Springer Fachmedien. 2012

120. Zinzius, Birgit. China-Handbuch für Manager. Kultur, Verhalten und Arbeiten im Reich der Mitte [M]. Berlin Heidelberg: Springer-Verlag. 2007

中文文献

[1] 阿德勒（著），杨晓燕（主译），《国际组织行为》[M]，北京：北京大学出版社，2004

[2] 白列湖．协同论与管理协同理论 [J]. 甘肃社会科学．2007（5）：228

[3] 曾国屏．竞争和协同：系统发展的动力和源泉 [J]. 系统辩证学学报，1996（3）：8-9

[4] 查卡姆．郑江淮，李鹏飞等译校．公司常青：英美法日德公司治理的比较 [M]. 北京：中国人民大学出版社．2006

[5] 陈国明，安然．跨文化传播学关键术语解读 [M]. 北京：中国社会科学出版社．2010

[6] 陈慧，车宏生，朱敏．跨文化适应影响因素研究述评 [J]. 心理科学进展．2003 年，11（6）：704-780

[7] 陈巍．德国企业文化概论 [M]. 杭州：浙江大学出版社．2017

[8] 陈向明．教师如何作质的研究 [M]. 北京：教育科学出版社．2001

[9] 陈向明．旅居者与外国人——留美中国学生跨文化人际交往研究 [M]. 北京：教育科学出版社．2004

[10] 陈向明．质的研究方法与社会科学研究 [M]. 北京：教育科学出版社．2000

[11] 陈月清．德国对近代中国的经济侵略 [A]. 见董伯先．中德关系史研究．济南：山东大学出版社．2014：148

[12] 陈致中，张德．组织文化认同之文献评述与模型建构 [J]. 现代管理科学．2011（3）：3

[13] 崔佳颖．组织的管理沟通研究 [D]. 首都经济贸易大学博士学位论文．2006

[14] 单波，王金礼．跨文化传播的文化伦理 [A]. 见单波、石义彬．跨文化传播新论 [M]. 武汉：武汉人民出版社．2005：44

[15] 德国工商总会．德国在华投资企业名录 [N/OL]. [2022-06-10] http://www.german-company-directory.com/cn/.

[16] 董才生．中西社会信任的制度比较 [J]. 学习与探索．2005（1）：114-117

[17] 杜继东．中德关系史话 [M]. 北京：社会科学文献出版社．2011

[18] 范明林，吴军．质性研究 [M]. 上海：格致出版社．2009

[19] 方塔纳，弗里．访谈：从结构式问题到引导式谈话 [A]. 见：定性研究：经验资料收集与分析的方法，第三卷．重庆：重庆大学出版社．2007：706

[20] 格雷．许梦云译．文化研究：民族志方法与生活文化 [M]. 重庆：重庆大学出版社．2009

[21] 郭莲．文化价值观的比较尺度 [J]. 科学社会主义．2002（5）：53

[22] 哈里斯，莫兰．关世杰主译．跨文化管理教程 [M]. 北京：新华出版社．2002

[23] 何诗霏．中国欧盟商会：欧企在华有新挑战 [N]. 国际商报．2014 年 7 月 4 日．第 A07 版

[24] 胡文仲．跨文化交际学 [M]. 北京：外语教学与研究出版社．1999

[25] 胡晓东．母子公司人力资源控制与协同研究 [D]. 山东大学硕士学位论文．2006

[26] 胡幼惠 . 质性研究：理论、方法及本土女性研究实例 [M]. 台北：台北巨流图书公司 . 1996. 转引自范明林，吴军 . 质性研究 . 上海：格致出版社 . 2009
[27] 霍尔 . 超越文化 [M]. 何道宽译 . 北京：北京大学出版社 . 2010
[28] 霍尔顿 . 跨文化管理：基于知识管理的视角 [M]. 康青，郑彤，韩建军译 . 北京：中国人民大学出版社 . 2011
[29] 金旼旼，孙鸥梦 . 中国外商投资法赢得世界赞誉 [N]. 人民日报海外版 . 2019 年 3 月 16 日 . 第 03 版
[30] 井世洁 . 转型期中国社会信任问题研究的路径选择 [J]. 社会科学 . 2011（7）：82
[31] 卡麦兹 . 边国英译 . 建构扎根理论：质性研究实践指南 [M]. 重庆：重庆大学出版社 . 2009
[32] 苛费尔，布林克曼 . 范丽恒译 . 质性研究访谈 [M]. 北京：世界图书出版公司 . 2013
[33] 李大港 . IT 企业技术型员工企业文化认同感影响因素研究 [D]. 重庆大学硕士学位论文 . 2009
[34] 李加莉 . 文化适应研究的进路 [M]. 北京：社会科学文献出版社 . 2015
[35] 李小健 . 外商投资迎来新的春天——外商投资法草案提请初审 [J]. 中国人大 . 2019（02）：18
[36] 李信 . 中西方文化比较概论 [M]. 北京：航空工业出版社 . 2003
[37] 刘跃斌 . 战后联邦德国对发展中国家直接投资的变化分析 [J]. 经济评论 . 1998（6）：109
[38] 陆玮 . 大亚湾核电跨文化管理研究 [D]. 华中科技大学博士论文 . 2005
[39] 罗伯特 . 文化与社会人类学引论 [M]. 王卓君等译 . 北京：商务印书馆 . 1991
[40] 马剑虹，高丽，胡笑晨 . 跨文化协同增效研究的 3 种典型视角 [J]. 心理科学进展 . 2006（5）：759
[41] 梅兆荣 . 中德建交谈判回顾 [J]. 德国研究 . 2003（3）：4
[42] 潘淑满 . 质性研究：理论与应用 [M]. 台湾心理出版社 . 2003. 转引自范明林，吴军 . 质性研究 [M]. 上海：格致出版社 . 2009
[43] 庞翠萍，朱冬亮 . 德资企业在华投资的特点与趋势分析 [J]. 岭南学刊 . 2009（1）：74-75
[44] 祁大伟 . 在华跨国企业绩效管理文化差异研究 [M]. 北京：人民日报出版社 . 2016
[45] 乔金森 . 参与观察法 . 关于人类研究的一种方法 [M]. 重庆：重庆大学出版社 . 2015

[46] 沙莲香 . 中国民族性（二）[M]. 北京：中国人民大学出版社 . 1990

[47] 石伟编 . 组织文化 [M]. 上海：复旦大学出版社 . 2004

[48] 世界银行 . 2018 年营商环境报告：改革以创造就业 [R]. 2017 年 10 月 31 日 . 转引自李玉梅，桑百川 . 中国外商投资企业营商环境评估与改善路径 [J]. 国际经济评论 . 2018（9）：49-50

[49] 孙晓莹 . 德国职业教育对我国职业教育发展的启示 [J]. 教学研究 . 2006 年，第 29 卷（5）：384

[50] 唐军 . 浅析《劳动合同法》新内容 [J]. 现代人才 . 2007（6）：20-27

[51] 唐宁玉，王玉梅 . 跨文化管理：理论和实践 [M]. 北京：科学出版社 . 2016

[52] 特里安迪斯 . 跨文化培训指南（第三版）[M]. 丹•兰迪斯，珍妮特•M. 贝内特，米尔顿 • J. 贝奈特编，关世杰，何明智，陈征，巩向飞译 . 北京：北京大学出版社 . 2009

[53] 特龙彭纳斯，汉普登 - 特纳 . 关世杰主译 . 在文化的波涛中冲浪——理解工商管理中的文化多样性 [M]. 北京：华夏出版社 . 2003

[54] 田广，周大鸣编著 . 工商人类学通论 [M]. 北京：中国财政经济出版社 .

[55] 王春光，方文 . 文化适应与合作：对跨国公司在中国所面临的一个重要层面的调查研究 [J]. 浙江社会科学 . 2001（5）：87-88

[56] 王菁 . 新《劳动合同法》对农民工劳动关系的影响研究 [D]. 湖南师范大学硕士学位论文 . 2009

[57] 王文科 . 质的教育研究法 [M]. 台北：师大书苑有限公司 . 2000

[58] 王希 .《劳动合同法》的实施对企业用工成本的影响分析 [J]. 法制博览 . 2017 年 09（下）：166-167

[59] 王贤红 . 在华跨国公司中国雇员跨文化适应问题的调查 [D]. 华东师范大学硕士学位论文 . 2013

[60] 王义桅，李燕燕 . 国交之缘何民不亲——中德经济依存与民众好感度的非对称性分析 [J]. 德国研究 . 2015 年（3）：16-30

[61] 望路 . 核心文化标准在中德大学生跨文化交流中的影响及其对策——以德中两所大学学生互访实践为例 [D]. 华中科技大学硕士学位论文 . 2014

[62] 吴冠峰 . 浅析德国人力资源开发管理的特色 [J]. 经济师 . 2001（11）：58-59

[63] 吴建安 . 中国外商直接投资环境研究 [D]. 对外经济贸易大学硕士学位论文 . 2002

[64] 吴献金，刘爱龙 . 德国对华直接投资的发展研究及趋势展望 [J]. 德国研究 . 2007（1）：19

[65] 徐继玲 . 1861-1914 年德国对华投资研究 [D]. 华东师范大学博士学位论文 . 2013
[66] 徐晓峰 . 技术经济学 [M]. 北京：中国发展出版社 . 1996
[67] 许涤新，吴承明 . 中国资本主义发展史 . 第二卷 . 旧民主主义革命时期的中国资本主义 [M]. 北京：人民出版社 . 2003
[68] 严文华 . 20 世纪 80 年代以来国外组织沟通研究评价 [J]. 外国经济与管理 . 第 23 卷第 2 期 . 2001：15-20
[69] 晏雄（主编）. 跨文化管理（第 2 版）[M]. 北京：北京大学出版社 . 2016
[70] 杨军红 . 来华留学生跨文化适应问题研究 [M]. 上海：上海社会科学院出版社，2009
[71] 杨政宇 . 制度环境对外资区域分布的影响：来自中国 120 个典型城市的证据 [J]. 北京工商大学学报（社会科学版）. 2015 年 . 第 30 卷（5）：43
[72] 姚燕 . 中德跨文化经济交往伦理问题初探 [M]. 北京：知识产权出版社 . 2014
[73] 叶剑如，郑立华 . 企业中的书面语研究 [M]. 上海：外语教学与研究出版社 . 2013
[74] 叶耀明 . 近代中德经济贸易关系初探 [J]. 同济大学学报（人文•社会科学版）. 1991（2）：98-100
[75] 俞文钊，贾咏，汪解，范津砚 . 合资企业的跨文化管理 [M]. 北京：人民教育出版社 . 2002
[76] 张晓玲 . 跨文化上下级信任互动研究——以德国外派管理人员与中国员工的信任互动为例 [D]. 北京外国语大学博士学位论文 . 2014
[77] 张云路 . 跨文化管理的模式选择 [J]. 企业改革与管理 . 2005（4）：46-47
[78] 赵旭艳 . 文化智力对跨文化团队成员人格特质与工作绩效的中介作用研究 [D]. 东北大学硕士学位论文 . 2012
[79] 赵艳 . 中外合资企业中文化冲突与融合问题的研究 [D]. 大连海事大学硕士论文 . 2006
[80] 赵云龙 . 基于冲突 - 适应 - 合作的中国企业国际化跨文化管理研究 [D]. 天津大学博士论文 . 2012
[81] 郑立华 ."书面语"和"口头语"在企业中的使用及其文化差异 [J]. 法国研究 . 2002（1）：41
[82] 郑立华 . 交际与面子博弈——互动社会语言学研究 [M]. 上海：上海外语教育出版社 . 2014
[83] 郑启南 . 新常态下德国在华直接投资的分析 [J]. 中国市场 . 2015（46）：41

[84] 郑乔 . 基于文化差异的在华德资企业人力资源绩效管理研究 [D]. 东北师范大学硕士学位论文 . 2016

[85] 中国德国商会 . 商业信心调查：经济前景乐观 -- 不平等待遇和本地化压力挑战在华德企 [EB/OL]. https://mp.weixin.qq.com/s/dmHlli1nHbVaEsp5EboFAA

[86] 中国欧盟商会 . 中国欧盟商会——欧盟企业在华的声音 [EB/OL]. [2019-02-21] http://www.europeanchamber.com.cn/en/publications-archive/170

[87] 中华人民共和国商务部 . 中国外商投资报告 2019[R]

[88] 中华人民共和国商务部 . 中国外资统计公报 2021[R]

[89] 中华人民共和国商务部对外投资管理司 . 2013 中国外商投资报告 [N/OL]. [2016.05.05] http://www.fdi.gov.cn/1800000121_35_166_0_7.html

[90] 中华人民共和国商务部对外投资管理司 . 中国外资统计 2017[N/OL]. [2018-12-04] http://www.fdi.gSov.cn/CorpSvc/Temp/T3/Product.aspx?idInfo=10000544&idCorp=1800000121&iproject=33&record=9322

[91] 中华人民共和国外交部 . 中国同德国的关系 [EB/OL].（最近更新时间 2018 年 9 月）. [2019-03-09] https://www.fmprc.gov.cn/web/gjhdq_676201/gj_676203/oz_678770/1206_679086/sbgx_679090/

[92] 中华人民共和国中央人民政府 . 中国吸引外资再创新纪录 [EB/OL]. 2018 年 9 月 11 日 . [2019-03-10] http://www.gov.cn/xinwen/2018-09/11/content_5320887.htm?_zbs_baidu_bk

[93] 周建民 . 第一次世界大战前的中德贸易 [J]. 德国研究 . 2007（3）：44，47

[94] 周显理 . 早期中德贸易关系初探 [A]. 见董伯先 . 中德关系史研究 [C]. 济南：山东大学出版社 . 2014 ：130

[95] 庄孔韶，方静文 . 从组织文化到作为文化的组织——一支人类学研究团队的学理线索 [J]. 浙江大学学报（人文社会科学版）. 2012 年 . 第 42 卷（5）：18-27

后记

本书基于我的博士论文修改而成，它的诞生凝聚了许多人的关怀和鼓励，得益于他们无私的支持和热情的帮助，我才能顺利完成写作。

2009 年，我有幸成为郑立华教授主持的“中外企业中的跨文化合作研究”项目组成员，开始了在跨文化交际研究领域的学习和探索。时间虽然已经过去了十多年，我仍清晰地记得自己当时既雀跃又忐忑的心情。在郑老师的带领下，当时还是门外汉的我走进跨文化交际这一充满魅力的研究领域。2012 年，我开始在广东外语外贸大学攻读博士学位，在选题之初，是郑老师为我指明了研究的方向，确定了研究思路和方法，在论文的写作和修改过程中，他又给予了细心的指导和帮助。郑老师高尚的人格、渊博的学识、严谨的治学态度、诲人不倦的师德，谦和的处事方式，都令我受益良多，更是我学习的榜样和今后努力的方向。

感谢徐真华教授、杨韶刚教授、刘齐生教授、谢咏教授、陈穗湘教授、杨晓敏教授在我写作过程中给予的帮助和指导，感谢广东外语外贸大学西方语言文化学院，尤其是德语系所有同事对我的理解和帮助，当我面临学习和教学的双重压力时，他们的支持和鼓励给予了我前进的动力。西语学院积极支持本书的出版并提供了部分经费，在此表达诚挚的谢意！

为了收集论文所需的一手材料，我向自己在学习和工作过程中认识的老师、同学、校友和学生求助，他们的热情让我无比感动。许多在德资企业工作的同学、校友和学生毫不犹豫地答应接受访谈，不少人还为我介绍了自己的同事和朋友。通过他们的帮助，我才得以收集到足够的研究资料。感谢所有受访者的信任和理解，没有他们不计回报的帮助，我就不可能完成课题的研究。

在此向所有帮助过我的师长、学生、家人和朋友表达诚挚的谢意！